JN238567

30年で3万人の肥満を治療した専門医
佐藤桂子
KEIKO SATO

ダイエット外来の 寝るだけダイエット

「痩《や》せホルモン」を分泌させる睡眠法

経済界

はじめに

今、この本を手にとったあなたは、過去に何度かいろいろなダイエット法に挑戦した経験があるのではないでしょうか？

そして、今までのダイエット経験で、こんなふうに感じたことはありませんか？

□スタート時のモチベーションが続かなかった
□思うような結果が出なくて途中で挫折してしまった
□次第にストレスがたまってイライラするようになった
□体重のことにしばられている自分がイヤになった

もしも、このようなことが原因で、あなたが過去の**ダイエットを途中でやめてしまった**のなら、それはとてももったいないことです。

なぜなら、せっかくあなたに「ダイエットをしよう！」という意気込みがあったにもかかわらず、**ダイエット法を選択する時点で失敗**していたからです。

つまり、こういうことです。

なぜ、あなたが今までダイエットに挑戦しても痩《や》せなかったのか？

それは、あなたの努力が足りなかったせいではなく、**努力の方向が間違っていただけ**なのです。

思い出してみてください。これまでブームになったダイエット法には、実にさまざまな種類がありました。

単品の食品で痩せるタイプの「朝バナナダイエット」や「キャベツダイエット」。運動や呼吸法にこだわった「骨盤矯正ダイエット」や「ロングブレスダイエット」。お手軽さが人気の理由だった「レコーディングダイエット」や「テーピングダイエット」。インパクトのあるアイテムを使った「ビリーズブートキャンプ・ダイエット」や「ジョーバ・ダイエット」などなど。

ブームになったものを、ざっと思い出してみるだけで、こんなに種類があることに驚かされます。

もちろん、これらのダイエットが間違っている、というわけではありません。

ただ、「やってはみたけれど痩せなかった」という結論にいたったのであれば、その方法は明らかに失敗だったといえます。

でも、もう大丈夫！

安心してください！

本書は、**「もうこれ以上、無駄な努力はしたくない！」「もう失敗はしたくない！」という、あなたのために書いた究極の一冊**です。

つまり、この本を読めば、今まで痩せずに苦戦してきた人でも、必ず満足できるダイエット法のコツを身につけることができるのです。

●3万人の肥満患者のダイエットに成功した理由

実は、この本を書くきっかけになったのは、医師という仕事を通して、3万人という実に多くの人が痩せていくのを実際に目の前で見続けてきた、ということです。というのも、**私は「ダイエット外来」の医師です。簡単にいえば、太っている人を痩せさせること、それが私の仕事**でもあります。

ところで、「ダイエット外来」がどんなところか、あなたは知っていますか？ダイエット外来とは、どんな場所で、どのようなことをするのか、簡潔に説明しましょう。

一般的なダイエット外来とは、病院の診療科などに設けられた肥満専門の治療をおこなう外来のことをいいます。

「その人がなぜ太っているのか？」原因をつきとめて、それに合った治療をおこなっていきます。健康診断でメタボといわれた人や糖尿病など、痩せなければ健康上の問題がある人、つまり「痩せる必要のある人」が訪れる場所、それがダイエット外来です。

ダイエット外来では、必要に応じて栄養指導や運動指導もします。その人の生活に寄り添うようにして、確実に痩せるためのお手伝いをするのです。

ダイエット外来を訪れた3万人以上の人たちが、「なぜ、痩せることができたのか?」そこには秘訣がありました。

彼らは、これまでブームになった数々のダイエット法のどれにも頼っていません。何かの食べ物だけを食べ続けたり、特別な道具が必要な運動をしたりはしていないのです。

それなのに、なぜ痩せることができたのでしょう?

そこに、「誰であっても選択法をあやまらずに必ず痩せることができるダイエット法のヒントがあるのではないか?」と私は思いました。

実は、それは**誰にでも今日からできること**だったのです。その秘訣を書いたのが本書だということです。

●ぐっすり眠るだけで、キレイに痩せる！

結論を言いましょう。

ダイエット外来を訪れた3万人以上の人が痩せた秘訣。

それは**「ぐっすり眠ること」**です。

「寝るだけで痩せる」と聞くと、今までさんざんつらいダイエットを経験してきた人であれば、なおさら「そんなはずはない」「それならとっくに自分も痩せているはずだ」と思うかもしれません。

ところが、そうではないのです。**ただ眠っているだけの人は痩せなくても、正しい睡眠をとっている人は、確実に体重の変化が見られる**のです。

正しく眠れるようになると、体重は自然と減っていきます。そして、一度、健康な体を手に入れれば、勝手に体が「自動調整」をしてくれるようになります。

つまり、**正しい睡眠を続けることで、体が「痩せモード」に入っていく**のです。

しかも、それだけではありません。無理なダイエットにたよるのではなく、睡眠によって痩せるメリットはまだあります。

それは、痩せて幸せになるということです。

そもそも、**ダイエットの最大の目的は、体重を落とすことだけではない**、と私は思っています。痩せたことで本人が幸せになるかどうか。そこがもっとも重要ではないでしょうか。

たとえば、病気が原因で太ってしまった人も、痩せれば健康を取り戻し、ふたたびおいしいものを食べたり、元気になって幸せな毎日を送れるようになります。単に体重を落とすことが目標なのではなく、体重を落としたことによって、楽しい日々を過ごせるようになることがゴールになるのです。

同じことは、あなたのダイエットにもいえます。

体重を5kg、7kgと落とすことが目的ではなく、

「痩せて、キレイになったね！と周りからほめられること」

「痩せて、好きなファッションを楽しめること」

「痩せて、異性にモテること」

このようなことのほうが大切ではありませんか？


そのためには、**ただ体重を落とすだけでなく、キレイに痩せなければなりません。**

体重を落とすことだけに集中するあまり、人としての潤《うるお》いやみずみずしさを失ってしまっては本末転倒だからです。

「たしかに痩せはしたけれど、前のほうがよかった」と言われる人が、あなたの周りにもいませんか？　そういう人は、どこか疲れて見えたり、急に老《ふ》けて見えたりして、せっかく痩せてもキレイとはいえなくなってしまっています。


正しく眠ることは、そんな心配をすべて払拭してくれます。毎日、ぐっすり寝て

いれば、痩せるだけではなく、あなたは確実にキレイになります。

そして、キレイに痩せたことにより、今よりもずっと幸せや充実感を実感できるようになるでしょう。


「どんなふうに、何時間、眠れば痩せるのか？」

「寝る前に、どんなことをすれば痩せられるのか？」

「どんな工夫をすれば〝痩せる寝室〟になるのか？」

「どんな生活をすれば〝痩せる眠り〟の質を高められるのか？」


このように、**眠るだけで痩せるためのコツ**が、本書にはたくさん書かれています。

このなかの、たったひとつでもいいので、ぜひためしてください。

ぐっすり眠って、スッキリキレイな体を手に入れる。

早速、今夜から「寝るだけダイエット」をはじめましょう！

佐藤桂子

装幀◎岡孝治
本文デザイン・DTP◎ムーブ（新田由起子、徳永裕美）
編集協力◎山口佐知子

ダイエット外来の寝るだけダイエット

目次

はじめに ……… 001

第1章 正しく眠れば自然と痩《や》せていく

睡眠法01 正しく眠らないと、1ヶ月1キロずつ太っていく ……… 018
睡眠法02 キレイに痩せたかったら「3・3・7」で眠りなさい ……… 022
睡眠法03 寝る前の腹筋運動が「痩せる睡眠」を殺す ……… 026
睡眠法04 眠り方を間違えているから「太る食べもの」がほしくなる ……… 028
睡眠法05 むくみやすいのは「痩せホルモン」が低下している証拠 ……… 030
睡眠法06 「痩せたけど老けた」という人は典型的なタンパク質不足 ……… 032
睡眠法07 寝室が汚い人ほど痩せにくい ……… 036
睡眠法08 就寝前に食べても太らない3つのセオリー ……… 038

第2章 睡眠の質を上げる15のヒント

睡眠法09 眠ることは「痩せ体質をつくる活動」と理解せよ……044
睡眠法10 眠る14時間前から「睡眠」は始まっている……046
睡眠法11 午前中であれば二度寝も悪くはない……048
睡眠法12 医者も知らない「睡眠圧」診断法……050
睡眠法13 眠り方は年齢によって変えなさい……056
睡眠法14 不眠解消の寝酒は、百害あって一利もない……060
睡眠法15 目覚まし時計でなく、目覚ましライトで起きる生活がベスト……064
睡眠法16 熟眠できないのはパソコンやスマホのせい……066
睡眠法17 睡眠薬では、睡眠の質は上がらない……068
睡眠法18 睡眠導入剤は「眠らせる」ものではない……072
睡眠法19 痩せホルモンが分泌されやすい「眠りの環境」を整えよ……074
睡眠法20 せめて寝室の空気清浄機は「国際基準」で選びなさい……076

睡眠法21 就寝30分前に食べてもいいもの……080
睡眠法22 お休み前の運動は「呼吸法」が一番……082
睡眠法23 やってはいけない第1位は、寝室の植物と加湿器……084

第3章 これが正しい「寝るだけダイエット法」だ

睡眠法24 就寝1時間前の入浴で「深部体温」を下げなさい……090
睡眠法25 「寝心地がいい」と感じるのは、寝床内気候が整っているから……094
睡眠法26 顔の位置は床から最低30センチ以上。ベッドで寝るのが理想的……098
睡眠法27 枕は首を支えるもの、敷布団は腰を支えるもの……100
睡眠法28 メラトニンが分泌される真っ暗な部屋で眠りなさい……104
睡眠法29 セックスは痩せホルモンの味方。おひとりさまはドローイン……106
睡眠法30 ベッドを使うのは、セックスと眠るときだけと決める……110
睡眠法31 眠るルーティンをつくる……112

睡眠法32 「眠らなければ！」と思わないこと …… 114
睡眠法33 薬草・自然の力をおおいに借りる …… 116
睡眠法34 睡眠中の修復再生を「酢」で加速させよ …… 122

第4章 健康な「痩せ型」を維持する生活習慣

睡眠法35 痩せるために「脂質」を抜くのはやめなさい …… 126
睡眠法36 複合糖質を増やし、単純糖質を減らしなさい …… 130
睡眠法37 ダイエットの成否を左右するのは微量栄養素 …… 132
睡眠法38 ビタミンミネラルは、現代人に圧倒的に不足している …… 136
睡眠法39 第7の栄養素「ファイトケミカル」を上手にとる方法 …… 140
睡眠法40 サプリメントにも選び方がある …… 144
睡眠法41 水の飲み方で代謝を良くする …… 150
睡眠法42 家庭で上質な「水」をとれる浄水器選び …… 152

睡眠法43 ダイエットに欠かせないデトックスの目的 …… 154
睡眠法44 善玉菌はたくさん飼ったほうがいい …… 156
睡眠法45 意外と知らない「食物繊維」のマメ知識 …… 158
睡眠法46 意識することで食欲はコントロールできる …… 160
睡眠法47 コンビニで間食買いしないために …… 164
睡眠法48 楽しんで食べるだけで太りにくい …… 166
睡眠法49 時間をかけて食べると満腹感が早く感じられる …… 168
睡眠法50 家では野菜中心にして、つじつまを合わせる …… 170
睡眠法51 医者が万歩計をすすめる理由 …… 172
睡眠法52 短時間でダイエット効果を上げる歩き方 …… 174
睡眠法53 自分に似合う服は、認知性食欲を減らしてくれる …… 176
睡眠法54 副作用なし「体重を測る」習慣の威力 …… 178
睡眠法55 全身が映る鏡は貴方のコーチ …… 180
おわりに …… 182

第1章

正しく眠れば自然と痩せていく

● 睡眠法
01

正しく眠らないと、
1ヶ月1キロずつ太っていく

□朝からだるくてやる気が出ない
□睡眠時間は足りているはずなのに疲れがとれない
□移動の電車の中はいつもウトウトしている
□目覚まし時計を使わずに、気持ちよく目が覚めたためしがない
□お酒を飲まないと眠れない

もし、これらの項目にひとつでも当てはまる人は、深い睡眠が取れていない証拠。これだけでも身体にとっては大きな負担ですが、実はさらに深刻なダメージがあります。それは、**「きちんと眠れていない人は太りやすい」**ということです。

驚くべきことに、私たちの体は正しく眠ることができるだけで、痩《や》せることが可能です。数字で示すと、**寝るだけで毎日３００キロカロリーを消費**しています。

体重に換算すると、なんと１ヶ月強でマイナス１kg。**半年間、正しく眠っているだけで、実に６kg以上も体重を落とすことができる**のです。

私は25年間に渡って約３万人の肥満患者の治療にあたってきました。患者のなかでももっとも多かったのが、上質の睡眠をとるための治療をしただけで、体重がみ

るみる落ちたというパターンです。**実際に、食事制限や面倒なカロリー計算をしなくても、たった12ヶ月で10kg近く痩せたケースは珍しくありません。**無駄なお金と労力をかけず、気持ちよく眠るだけでダイエットになるなんて夢のような話だと思いませんか？　ですが、夢ではありません。**眠りと肥満は深い関係があります。**

そのからくりを解くカギは「ホルモン」にあります。

私たちが寝ている間は、体を休めているだけではなく、成長ホルモンと呼ばれるホルモンが分泌されています。そのホルモンこそが重要なのです。

成長ホルモンは、主に２つの役割があります。

ひとつは、私たちの疲れた体をリセットする、いわゆるアンチエイジングの役割です。私たちがしっかりと眠れば眠るほど、体は成長ホルモンで満たされることになります。ですから、**深い睡眠をとった翌朝は、疲労も解消され肌も体も若返る、というリセット現象が起こる**のです。

成長ホルモンにはもうひとつ大切な働きがあります。それが、本題のダイエット効果です。先ほど、「正しく眠るだけで毎晩３００キロカロリーを消費する」と述べましたが、これは成長ホルモンの働きによるものです。

成長ホルモンの脂肪分解力は１日あたり約３００キロカロリーもあります。ご飯なら約１・５杯分、食パンなら２枚分に相当するカロリーを燃焼する計算です。

一方、しっかり眠れていないと、成長ホルモンの分泌は通常の70％も減り、わずか30％しか体内に存在しないことも知られています。これを単純計算すると、ひと晩に約２００キロカロリーの脂肪が分解されずに蓄積されることになります。

したがって、もしも１ヶ月間、深い睡眠ができない状態が続けば２００キロカロリー×30日＝６０００キロカロリーの脂肪が分解されないということになるのです。

体重１kgあたりの脂肪は７２００キロカロリーに換算できますから、１ヵ月強で約１kgずつ太っていくのは紛れもない事実なのです。

アンチエイジングとダイエットという、私たちにとって最大の課題のトップ２を握る成長ホルモン。**つまり、成長ホルモンは「若返りホルモン」であり「痩《や》せホルモン」でもあるのです。**そして、それらはどちらも睡眠と密接に関係があることがわかっています。

次のページからは、私たちの体内にある「痩せホルモン」について、どう活用すればより効果的に美しい体づくりができるのか、詳しくみていくことにします。

●睡眠法 02

キレイに痩せたかったら「3・3・7」で眠りなさい

「眠るだけで痩せるなんて信じられない」

もしも、まだそんなふうに半信半疑に思っているなら、ぜひ私のおすすめする「3・3・7睡眠法」を試してください。「3・3・7」とは、次のことを指します。

- 「3」……夜中の「3時」には眠っている
- 「3」……眠りはじめの「3時間」はまとめて眠る
- 「7」……1日トータルで「7時間」睡眠をめざす

この睡眠法は、**眠っている間の脂肪燃焼効果を見込める「痩せホルモン」の働きをより活発に**します。特別な薬に頼ることなく、美しく健康に痩せるために、あなたのダイエットに強い味方になる眠り方です。早速、詳しく説明しましょう。

●夜中の「3時」には眠っている

もともと私たちの体は、活動期と休息期を1セットと考えたときに、3つのリズムがあります。24時間周期のサーカディアンリズム、12時間周期のサーカセメディアンリズム、90分周期のウルトラディアンリズムという3種類です。これらのリズムが、ちょうど重なり合うのが夜中の3時前後です。夜ふかしをしがちな人も、朝が弱い人も、夜中の3時前後であればもっとも深く眠りやすい時間帯といえます。

また、**痩せホルモンは夜10時から夜中の3時までがもっとも分泌されやすい**ことがわかっています。ということは、夜中の3時に眠っていればギリギリとはいえ、痩せホルモンの分泌タイムに間に合うわけです。

これらから、夜中の3時に深い眠りについていることは、私たちにとって自然な流れであり、ダイエット効果も高いという、効率のいい眠り方になるのです。

●眠りはじめの「3時間」はまとめて眠る

痩せホルモンは、眠りについた直後の3時間にまとめて分泌されます。そして、その後は、ほとんど分泌されないこともわかっています。

そもそも、私たちの眠りの種類は2つ。脳の情報処理時間といわれるレム睡眠と、脳の完全休養時間といわれるノンレム睡眠を繰り返し、次第に眠りが浅くなって、目覚めを迎えます。ノンレム睡眠とレム睡眠の繰り返しは、1セット約1時間半。

ノンレム睡眠のなかでもっとも深い眠りが現れるのは、最初の2セット程度なので、眠りはじめの3時間は、睡眠時間のなかでも最重要になります。

●1日トータルで「7時間」睡眠をめざす

健康的に美しく痩せたいなら、睡眠時間は7時間。この「7時間睡眠」が、最近のスタンダードになっています。

睡眠時間と肥満との関係については、米コロンビア大学の論文で、はっきりとした結論が出ています。**睡眠時間7時間の人に比べ、5時間の睡眠では肥満率が52％高く、4時間では73％も高くなった**のです。このデータから、7時間より短い眠りの人は、睡眠時間が少なくなるにつれて太りやすくなる、というようにも読み取ることができます。

毎日、適正な睡眠時間をとることは、心身ともに健康で過ごすための基本です。

これらのことから「3・3・7睡眠法」が、いかに健康的に美しく痩せる効果を期待できるかがおわかりになると思います。今夜からぜひためしてください。

睡眠法 03

寝る前の腹筋運動が「痩せる睡眠」を殺す

あなたがもっとも気になる部位はどこでしょうか？

いちばん先にスリムになってほしいところを聞くと、男性女性に限らず「お腹！」と答える人が圧倒的大多数です。

「では、お腹を引っ込めるために何をしますか？」と聞くと、これまた圧倒的大多数の人が「腹筋運動！」と答えます。

これは正解でもあり、不正解でもあります。腹筋運動によりお腹に筋肉をつけることで体の前側のゆるみが引き締まり、〝ポッコリお腹〟はスッキリするはずです。

ただし、「寝る前の腹筋運動」は、残念ながら不正解です。

なぜなら、腹筋運動のような激しい動きをしてしまうことで、**自律神経のうちでも交感神経と呼ばれる場所が刺激され、私たちの体は日中と同じようにシャッキリと覚醒してしまう**からです。それでは、「痩せるために必要な眠り」を妨げてしまいます。

眠るためには、腹筋運動のような筋トレ系の運動ではなく、ストレッチやリラックスヨガなどの身体をゆるめる動きのほうが適しています。

身体をゆるめて深く眠り、痩せホルモンを十分に分泌させましょう。

● 睡眠法 04

眠り方を間違えているから「太る食べもの」がほしくなる

「寝不足が続くとジャンクフードや味の濃いものが食べたくなる」

そんな経験をしたことはありませんか？　実はこれは、医学的にも立証されている事実なのです。

寝不足の人が、一般の人に比べて食欲が増しているという実験結果の報告があります。シカゴ大学では、一方のグループには10時間睡眠を、もう一方のグループには４時間という短時間睡眠を、それぞれ２晩こころみました。すると、両グループの体内物質には、明確な変化が表れたのです。

４時間しか睡眠時間を与えられていない、いわゆる寝不足のグループは、**食欲を増進させる体内物質が増え、食欲を減退させる体内物質が減少**していました。さらに、**味の濃い炭水化物を好むようになった**というデータも発表されています。

もともと私たちの脳には、本来、活動しているべき日中にだるさや眠気を感じると、それに抗《あらが》おうとする働きがあります。すると、**自然と食欲を増すシステムが脳内で作動し、甘いものや味の濃いものを欲するようになる**こともわかっています。

これらのことからもわかるように、睡眠不足は食欲を増進させるだけでなく、味が濃く太りやすい食べ物を欲するような体に変化してしまうのです。

● 睡眠法 05

むくみやすいのは「痩せホルモン」が低下している証拠

むくみやすいことを気にしている人は少なくありません。

むくみと肥満は異なるものの、ともに「身体のスッキリ感を阻《はば》んでいるもの」であることはたしか。手足や顔など、体のむくみがなくなれば、さらにダイエットの成果も十分に感じられるでしょう。

実は、むくみも睡眠が関与しているのです。

そもそも、なぜ、私たちの体はむくんでしまうのでしょう。

おもなむくみの原因を簡単にいうと、**筋肉が減って代謝が落ちるから**、ということになります。ですから、筋肉を減らさないように維持していれば、むくみは防げるという理屈になります。

そして、ここでもやはり痩せホルモンが活躍します。つまり、筋肉は運動によってのみ維持されるわけではなく、**痩せホルモンにも、むくみの原因となる筋肉量の低下を防ぐ働きがある**のです。

ぐっすり眠って痩せホルモンを十分に分泌させておくと、筋肉は維持され、むくみにくい体を得ることができるのです。

●睡眠法
06

「痩せたけど老《ふ》けた」という人は典型的なタンパク質不足

「フルーツとお菓子だけでランチを済ませた」
「ご飯を食べるかわりに、プリンとヨーグルトでガマンした」

ダイエットに挑戦したことがある人なら、一度は経験したことがあると思います。ところが、この方法では摂取カロリーは減らせても、本来の目的である「キレイに痩せる」ことはできません。

あなたの周りにもいませんか？　**「たしかに前より細くはなったけれど、急に老《ふ》けてしまった感じがする」「痩せたというより、やつれて見える」**……こういった痩せ方は、ダイエット法を間違えているために起きる現象です。

スリムになったものの、老けたり疲れていては本末転倒。私の提案するダイエットは、ただ痩せるのではなく「健康的に美しく痩せる」のが最終的な目標です。

健康的に美しく痩せるために重要なのは、「正しい睡眠」です。そして、睡眠と同じくらい大切になるのが、「食べ物」になります。詳しくは第4章で述べますが、前提として、まずは何をどんなふうに食べればいいのでしょうか。

ご存じのとおり、健康的に美しく痩せるためには、バランスよくいろいろな食品を食べるのが基本です。ですが、なかでも**とくにダイエット中に不足しがちな栄養**

素があります。それがタンパク質なのです。

私たちの体は、大部分がタンパク質でできているといっても言い過ぎではありません。体全体を100%とすると、60%は水、20%はタンパク質、20%は脂肪、という内訳になります。6割が水でできている、と聞くと驚くかもしれませんが、その水を保持しているのはタンパク質。

つまり、私たち**体の形の大部分をつくっているのはタンパク質であり、タンパク質はみずみずしい体をキープするためにも欠かせない栄養素**ということになります。

ところが、タンパク質は肉や魚といった主菜に多く含まれますが、ダイエット中は摂取カロリーを抑えようとするために、それらを食べることを制限しがちになります。すると潤《うるお》いやハリが失われ、体はパサパサの干物状態になってしまうのです。

さらに、**ダイエットの味方になる痩せホルモンの正体も実はタンパク質**なのです。**「食べる補正下着」**ともいわれる良質なタンパク質を食べ物で補うことは、痩せホルモンをつくる材料を補充するという意味にもなります。

ということは、睡眠面と食生活面の両方を考えても、タンパク質は必要不可欠になるということ。潤いのあるみずみずしい体をキープしたまま、美しく痩せるためには、タンパク質を上手にとるべきなのです。

ダイエット中でも賢く効果的にタンパク質をとるにはコツがあります。

私が提案するのは、**朝晩1回ずつ、1日2回とる**という方法です。

たとえば、朝は納豆や魚といった典型的な日本の朝食にはタンパク質が豊富に含まれています。朝食をとる習慣がないという人であれば、手軽に入手できる粉プロテインを活用するのも手。水に溶かして飲むだけでタンパク質の補給ができます。

粉プロテインは体を維持する用のものをおすすめします。１００％植物由来のプロテインなら、この条件を満たしています。誤って、筋肉増強用のものを用いると、予想外にマッチョになってしまう可能性もあるので、ご注意を。

次に、晩にとりたいタンパク質は、摂取時間がポイントになります。**基本は、就寝3時間前までに夕食としてタンパク質をとること。**

たとえば、夜12時に眠る人なら9時までにタンパク質を含む食事を済ませましょう。すると、消化吸収されたタンパク質は、ちょうどいいタイミングで、就寝後に痩せホルモンとなって、体をめぐっていきます。

起きているときも寝ているときも少しの工夫で、美しく痩せられるのです。

睡眠法
07

寝室が汚い人ほど痩せにくい

「キレイ好きは痩せやすい」これは真実です。清潔な人は、不潔な人に比べて確実に痩せやすいといえます。たとえば、次の項目にあてはまるものがありますか？

□寝室に雑貨やぬいぐるみが置いてある
□部屋の掃除は週に一度。しないときもある
□布団を干す習慣はない。布団乾燥機も使用していない

もしも、右の項目のいずれかにあてはまるものがあれば要注意。あなたの寝室は清潔とはいえません。しかも、寝室が清潔ではないことにより上質な睡眠が妨げられ、**無意識のうちに痩せにくい体になってしまっている**可能性があります。

それでは、なぜ寝室が不潔だと質のいい眠りができないのでしょうか？

考えてみてください。埃《ほこり》っぽくてカビ臭い部屋と、湖畔にある木立から爽やかな風が吹き抜ける部屋。同じ睡眠時間をとったとして、どちらが翌朝、気持ちよく目覚められると思いますか？　**痩せホルモンは、清潔な環境で眠るほうが十分に分泌される**ので、ダイエットにも効果が見込めるのです。

● 睡眠法
08

就寝前に食べても太らない3つのセオリー

「就寝の3時間前には食事を終わらせることが鉄則」ということを前に述べましたが、実は例外もあります。

というのも、私たち現代人の忙しい生活では、毎日きちんと就寝3時間前までに食事を終わらせることは難しいのが現実。飲み会が盛り上がって遅い時間まで飲み食いをしたり、残業で遅くなって深い時間の食事になったりすることは、よくあることだからです。

さらに、いくらダイエットのためとはいえ、「寝る前3時間は死んでも食べ物を口にしない！」というように、**かたくななルールをつくってしまうのはストレスをためてしまい、精神的にもいいことではありません。**

どんなルールにも例外はあるように、ダイエットにも抜け道はあります。**もっとも大切なのは、ダイエットと楽しく付き合っていくこと。**それがダイエットを長続きさせる秘訣でもあります。

そこで、私も実践している「夜、遅くに食べても太らない体づくり3つのコツ」をご紹介します。

・1日2リットルの水を飲む
・サプリメントでカロリーをコントロールする
・野菜から食べはじめる

この3つのセオリーを守れば、「就寝3時間前」にこだわらなくても、安心して食事ができ、就寝後もしっかりと痩せホルモンを分泌させることができます。

●1日2リットルの水を飲む

普段から、なるべく泉の湧水に近いミネラル水を、1日2リットルを目安に飲む習慣をつくります。これは、体のなかの老廃物を外に出す、いわゆるデトックス効果が目的です。**体内の老廃物を排出するための尿や、吸収されなかった食物の残りの便をすみやかに体の外に出す**ためには、水の摂取が欠かせません。

また、**デトックスをすることで、体の代謝は上がります。**代謝にはエネルギーが必要ですから、一日中を通して「脂肪が燃える体」に変わるのです。

●サプリメントでカロリーをコントロールする

夜遅くに食事をするときは、カロリーカット系のサプリメントを活用します。炭水化物を多く食べるなら白インゲンのサプリメント、油っぽいものや甘いものを食べるならキトサンやギムネマ配合のサプリメントを選んでください。

ちなみに、私がサプリメントを選ぶ際は、**原料が植物そのものに近いものを選ぶ**ようにしています。錠剤型のサプリメントの多くは、有効成分は半分以下〜10％程度。**大部分が錠剤型にするための混ぜ物**といわれています。そのためにも、なるべく混ぜ物が少なく、植物そのものに近い状態のものを選ぶほうがいいでしょう。

●野菜から食べはじめる

食事をするときは、野菜や海藻やキノコといった食物繊維が豊富なものから食べるようにします。これは、以前ブームになった「低インスリンダイエット」に近い考え方です。

食後に血糖値が急に上がると、それを下げようとしてインスリンも急激に分泌されます。ここで**勢い余って分泌されたインスリンは中途半端な時間の空腹感を呼び、**

さらなる過食を呼んでしまいます。

こうしたインスリンの分泌を抑えるために、食事のはじめは血糖値の低い、食物繊維を多く含んだ食べ物から食べるようにする、という方法です。お手軽な食物繊維のサプリメントもおすすめです。

いずれも簡単に実践できるものばかりなので、ぜひ今日からスタートしてみてください。

第2章

睡眠の質を上げる15のヒント

睡眠法 09

眠ることは「痩せ体質をつくる活動」と理解せよ

多くの人が誤解していることに、「寝ているときは、心身が活動をストップしている時間」と思っていることがあります。

睡眠時間は活動停止の時間ではありません。**脳や体をリセットし、痩せホルモンを分泌させるための、一種の活動の時間**でもあるのです。

たとえば、こんなふうに考えてください。

飛行機をひたすら長く飛ばし続けたとします。もしも、飛行時間を長くしたいあまり、整備場での待機時間を削ったらどうなると思いますか？　もちろん、機体へのメンテナンスが不十分になり、たちまち大事故につながる故障をするでしょう。

実は、それと同じことが人間にとっての「睡眠」にもいえます。

飛行機の整備場での作業は「無駄」や「停止」ではなく、円滑に滑空するための「整備」という「活動」なのです。

だとすれば、「睡眠時間は何もしないので、もったいない」というイメージではなく、**「明日を快適に過ごすために必要な今夜の活動」**というようにとらえることができると思います。

●睡眠法 10

眠る14時間前から「睡眠」は始まっている

「ねつきが悪い」「毎朝スッキリ起きられない」「朝に弱い」という人が、勘違いしていることがあります。

それは、「眠りにつく時間」と「起きる時間」を1セットで考えていないということです。たとえば、あなたが今日の睡眠を考え始めるのは、夜になってからではありませんか？

ところが、私たちの脳は眠る時間を考えはじめるよりも、ずっと前から「今日の睡眠」の準備を始めているのです。医学的には、**その日の晩に眠る態勢が整うのは、光で体内時計がリセットされた時から14時間後**といわれています。

つまり、夜の12時に眠るためには、朝の10時には起きて、脳に次の睡眠の準備を開始させてあげるべきなのです。

私たちの体にはもともと備わっているシステムがあり、朝の光を浴びてから14〜16時間で、次の眠る体勢に入ることは自然の摂理として決まっています。

ですから、あなたが今晩、眠りたい時間から逆算して14〜16時間前に起きておけば、今晩はグッスリ眠れて痩せホルモンも十分に分泌されるだけでなく、明日の朝もスッキリと目覚めることができるようになります。

●睡眠法 11

午前中であれば二度寝も悪くはない

「寝だめ」と「二度寝」は絶対ＮＧ！

もしも、そんなふうにかたくなに思っているなら、もう少しゆるく考えてもらってもかまいません。寝だめや二度寝は、絶対にしてはいけないのではありません。ルールにのっとっていれば、体は楽になることも多いのです。

寝だめと二度寝のルールは、非常にシンプルです。

・とりあえずは朝一度起きて光を浴びること

・二度寝したら昼前には起きること

この２つを守れば心身がスッキリするはずです。

一度は、朝の光を浴びると、脳は朝が来たことを感知するので、**昼前までに起きれば、自然の摂理で14～16時間後という正しいペースでふたたび眠りにつけるようになる**からです。

睡眠不足でつらいまま、ガマンして起きているよりは、ルールを守って寝だめや二度寝をしたほうが、体にとっては負担がかからないこともあります。

●睡眠法 12

医者も知らない「睡眠圧」診断法

「日本人の5人に1人は睡眠障害」といわれてから数年たちましたが、現実は相変わらず、睡眠不足や寝付きの悪さで悩んでいる人は大勢います。

寝ている間に痩せホルモンが分泌されるとわかっていても、なかなか眠れないようではダイエットにも影響が出てくる可能性もあります。

そこで、まずは今のあなたの眠気が客観的にどのくらいのレベルのものなのか、セルフチェックで確認してみましょう。

採点方法は次のとおりです。

【採点方法】
0点＝眠くならない
1点＝たまに眠ってしまう
2点＝わりと眠ってしまう
3点＝ほぼ確実に眠ってしまう

次の項目に、あてはまる点数を入れてチェックし、合計の数字を出してください。

□座って本を読んでいるとき（　）点
□テレビを見ているとき（　）点
□劇場などほかの人もいる場所で何もしないでじっと座っているとき（　）点
□1時間続けて車に乗っているとき（運転はしない）（　）点
□午後ずっと横になっていてもいいとき（　）点
□座って誰かと話をしているとき（　）点
□昼食（アルコール類はなし）のあとじっと座っているとき（　）点
□車に乗っていて渋滞に巻き込まれ、数分停止しているとき（　）点

【合計点】
0～5点　睡眠圧は0かあってもごくわずか
6～10点　適度な睡眠圧がかかっている状態
11～20点　睡眠圧は重度。睡眠不足
21～24点　睡眠圧は限界に近い。今すぐ休息が必要

さて、結果はいかがでしたか？

合計点の診断のところで出てくる**「睡眠圧」とは、眠ろうとする力のこと**をいいます。睡眠圧は、眠らない限りは自然に下がることはありません。

ただし、睡眠圧がゼロだからといって、あなたの睡眠の状態がパーフェクトというわけではありません。先ほどの診断でいえば、**0点の人よりは、むしろ6～10点の人のほうが、適度な日中の活動によって夜はぐっすり眠れる**、という結果になります。


睡眠圧がゼロでないほうが、夜は深く眠れるという結果は、次の実験からも明らかになっています。

メリーランド州の精神科医トマス・ウェアたちのおこなった実験は、日の出とともに寝起きし、日没とともに就寝するような生活を数ヶ月、続けることでした。

被験者は午後5時には真っ暗な寝室に入り、そこから翌朝7時まで室内で過ごさなければなりません。テレビやパソコン、音楽や本、もちろん電話もない状態で、暗い室内で14時間過ごさなければならないという状況です。

実験当初、被験者は何もすることがなかったためか、寝られるだけ寝ていました。時間にして12時間以上。暗い室内にいる時間のほとんどを寝て過ごしたことになります。

ところが、実験が長くなるにつれて睡眠時間は短くなってゆき、1ヵ月後には被験者は8時間程度しか眠らなくなったのでした。

この実験からわかることがあります。

それは、私たちが必要とする睡眠時間はせいぜい約8時間だということです。**睡眠圧をゼロにリセットすると、8時間以上は眠っていられない**といえます。

実は、この実験には後日談があります。

先ほどの実験から、被験者は、睡眠圧がゼロの状態にリセットされました。つまり、いつでも眠気を感じることがないくらい、睡眠時間が満たされている状況です。

ところが、被験者は、ベッドに横になっているにもかかわらず、寝付くまでに時間がかかるようになりました。

さらに、眠っている途中でたびたび目が覚めてしまう、という現象も見られはじめたのです。

これは熟眠感を得られない眠り方の典型です。

つまり、朝までぐっすり眠るためには、睡眠時間が足りているよりも、少しくらいの睡眠不足を感じていたほうがいいということになります。**中程度の睡眠不足は、睡眠の質を高め、効率的に眠るためには必要**なものだったのです。

このことがわかれば、多少の睡眠不足を感じていても焦ることなく、安心できると思いませんか？　リラックスして眠れば、その分、痩せホルモンの分泌も盛んになるはずです。

●睡眠法 13

眠り方は年齢によって変えなさい

もしも、あなたがなかなか深い眠りにつけないと感じているなら、その原因は、あなたの「年齢」にあるのかもしれません。

というのも、**年齢によってふさわしい眠りのスタイル**というものがあるからです。私たちの心身が年齢とともに変わっていくように、睡眠にも成長や老化といった年齢による変化があるのは事実。年齢によって、寝付くまでの時間や睡眠の継続、眠りの深さなどが変化するのであれば、私たちのほうでも状況に合った眠り方にシフトチェンジしていく必要も出てくるでしょう。

では、年齢とともに眠り方はどのように変化していくのか、見ていきましょう。

- 乳幼児期……数時間の睡眠と覚醒を繰り返します。成長とともに次第にまとまった睡眠が取れるようになっていきます。幼児の間はそれでも昼寝が必要ですが、小学校に上がるころには1日に1回、夜に眠るパターンが出来上がってきます。
- 10代……深い睡眠が長く続き、明け方でも深睡眠がまとまった時間、出てくることもあります。青少年の眠りは深く、毎日が「前後不覚」の連続です。

・20代……前半の深い睡眠と後半の夢見るレム睡眠とが区別できるようになります。

・30代以降……深い睡眠は眠りはじめの3時間に集中するようになり、その持続時間も短くまとまってきます。3〜4度の深いノンレム睡眠は、寝はじめの3時間に集中し、ひと晩の睡眠のなかでも、眠りの性質に変化が見られるようになります。これは自然に睡眠が成熟してきた、ということです。

・50代以降……深いノンレム睡眠の持続時間は短く、細切れになっていきます。「朝までの間にちょくちょく目が覚める」といったこともよく経験するようになります。さらに年齢が進むと、深いノンレム睡眠自体が少なくなっていき、中途覚醒の時間が増え、いったん目が覚めるとしばらく眠れなくなります。

このように、年齢や年代に応じて、私たちの眠り方は変わっていきます。それでは、今のあなたにもっともふさわしい眠り方は、どんなスタイルなのでしょうか?

結論として、**成人から40代までは「3・3・7睡眠法」が疲労回復とダイエットの両面からおすすめ**ということになります。

どうしても睡眠時間がたりないときは、パワーナップ（昼寝）で補うという方法もあります。

環境にもよりますが、お手軽にチャージできるのは20分以内という短時間のパワーナップでしょう。体の力を抜いて目をつむったり、できれば体を横にするか机に突っ伏したりすることで、そのあとの時間はしばらく元気でいられます。

50代以降のパワーナップの時間は、30、40代とは異なり、「30分以内であればOK」というように、若干、長めになります。

もともと、眠りが深くなってしまった後は、目が覚めたときには誰でもボンヤリしてしまいます。日中のパワーナップでは、なるべくその状態を回避するために、浅いまどろみの段階で覚醒しよう、という方法に基づいて考えた適正時間なのです。**50代以降になると、睡眠までの助走が長くなっているので、その分、長く寝てもよいことになります。**

年齢にふさわしい洋服やファッションにシフトチェンジしていくように、睡眠のスタイルも体に合ったものに変えていくこと。それが、いつまでも若々しさを保ちながら健康的に痩せる秘訣でもあります。

●睡眠法

14

不眠解消の寝酒は、百害あって一利もない

「よく眠るにはアルコールを飲むこと」と信じている人がいたら、ただちに考えをあらためてください。その睡眠は、健康的に美しく痩せるための眠りとは、かけ離れたものだからです。

２００２年の国際疫学調査の結果で**「不眠解消のために寝酒を飲む」と答えた人の割合は日本人が第1位でした。逆に「不眠解消のために医師に相談する」と答えた人は日本人が最下位。**眠りに関して医師はアルコール以下、という非常に残念な結果でした。

お酒の成分であるアルコールには覚醒水準調整作用という性質があり、私たちを陽気で元気にさせる働きがあることのほか、反対に眠くさせたりもします。

また、眠るまでの時間を短縮する作用があるために、「お酒を飲むとすぐに眠れる」と思う人がいるのでしょう。ホッとしたい夜、寝酒を飲みたくなる気持ちは、私にもよくわかります。

ところが、**お酒を飲んで寝てしまうと、そのあとの睡眠の質に変調をきたしてしまう**ので気をつけなければなりません。

お酒を飲むと、私たちの体ではどんなことが起きるのでしょうか。

私たちがお酒を飲むと、アルコールは肝臓に運ばれます。そして、アルコールが分解されて、アセトアルデヒドという物質になります。アセトアルデヒドには覚醒作用があり、私たちの眠りを浅くします。お酒を飲んだ日に、夜中に起きてしまうことがあるのはそのためです。

当然のことながら、痩せホルモンもあまり分泌されません。つまり、健康と美容のためにはアルコールは敵、ともいえます。

体のリセットに関しても、アルコールが入っている状態では不十分なまま朝を迎えてしまいます。**眠りの導入にはなっても、その後は覚醒作用によって眠りが浅くなってしまう**のが、アルコールのマイナス面の特徴です。

実は、さらに恐ろしいこともあります。

アルコールの睡眠導入作用は、すぐに耐性が増すということです。簡単にいえば、お酒を飲み続けていると、はじめのうちはすぐに眠れていても、その効果は薄れてくる、ということになります。

すると、「今までを同じ量だけ飲んでいては眠れないから」と、飲むお酒の量を増やすようになり、睡眠以外の健康への不安が出てきたり、依存症にもなりやすすかったりするのです。

そもそも、**お酒を飲んで寝るということは、睡眠中にも肝臓に仕事をさせていること**です。本来であれば、体のリセットタイムであるべき時間帯に、「アルコールの分解」という余分な仕事をさせてしまうことで、せっかくリセットに使われるはずの力が発揮できなくなってしまいます。

眠るための道具としては、お酒は使い物にならない、と知っておいてください。**お酒で泥酔したり、意識がなくなったりするのは、眠りではなく麻痺《まひ》です。極端な話、ときには命を落とす**ことにもなりかねないので、注意が必要でしょう。

お酒は、あくまでもストレス解消やリラックスのための嗜好品という位置づけであって、睡眠をサポートすることとは無関係な存在です。食事のときに晩酌を楽しんだり、飲み会やパーティの時に友達と楽しんだりすることは、人生の彩りとして大切なことでもあります。

布団に入る３時間前までのお楽しみとして、お酒と上手に付き合っていきましょう。

●睡眠法 15

目覚まし時計でなく、目覚ましライトで起きる生活がベスト

「けたたましいアラーム音が苦手」

「毎朝、ドキッとして起こされるのは不愉快」

　こんなふうに、目覚まし時計に関するネガティブな感想は昔からあるものです。

　目覚まし時計で起きるのが苦手な人に、私がおすすめしている方法があります。

　それは、**「音」ではなく「光」を活用する**というものです。わかりやすく言うと、夜は夜らしく暗くして眠り、朝、光を浴びることで体は自然の反応として目覚めるということになります。

　光を目覚まし時計の代わりに活用するのは、とても簡単です。

　まずは、大きな窓、外の明るさを取り入れやすい窓のある場所で眠ることです。カーテンは遮光にせず、夜は月明かり、朝は太陽の光が十分入るようにすると理想的でしょう。遮光カーテンの場合は、あらかじめ隙間をあけて眠ることで調整できます。

　体に余計な負担もかけず、気持ちのいい自然な目覚めを感じることができるおすすめの方法です。

睡眠法 16

熟眠できないのは
パソコンやスマホのせい

光と眠りが深く関わっている話をしましたが、明るさだけではなく、「眠れなくなる光」があることを知っていますか?

私たちの**睡眠を妨げる光は、緑~青の波長の光、いわゆるブルーライト**だったのです。

究極のブルーライトは太陽光だといえば、ブルーライトで眠れなくなるのは納得できませんか?

たとえ徹夜明けであっても、私たちは朝に太陽光を浴びると目が覚めます。時差ボケのとき、眠くても外で太陽の光を浴びるようといわれるのは、究極のブルーライト、太陽光の威力を目覚ましに使っているわけです。

この効果を逆手にとれば、熟眠しやすい環境づくりのヒントになります。

たとえば、自宅のリビングやベッドルームには、黄色灯や間接照明を設置する、寝る前にパソコンやスマートフォンを使うときは、ブルーライトをカットするメガネやフィルターを活用するなど、工夫ができます。

夕方以降のブルーライト対策で、あなたの眠りはより深いものになるでしょう。

●睡眠法 17

睡眠薬では、睡眠の質は上がらない

眠るための最後の手段に睡眠薬があります。基本的には、生活の状態や睡眠障害の症状に合わせて医師に処方してもらうのが安全です。ですが、薬局で自分でも買えるOTC医薬品にも、睡眠補助をうたったものがあり、人気があるようです。

医師は、「寝つきが悪い場合はこの薬」「途中で目が覚めてしまってつらい場合はこの薬」というように、症状に合わせて使い分けをします。睡眠に関する悩みを、具体的に主治医に話して、自分の体に合った薬を処方してもらいましょう。

現在、睡眠薬として知られている薬には4種類あります。

●**ベンゾジアゼピン系**

神経接続部（シナプス）で抑制系の働きをするGABAレセプターに効果を発揮します。非ベンゾジアゼピン系とあわせて医師が処方する睡眠薬の多くがこの種類です。精神安定作用、筋弛緩作用があり、緊張からくる身体のこわばりも楽にします。**短時間作用型は、薬剤耐性ができやすい傾向があるので、漫然と長期にわたって使用はしないほうがよい**でしょう。1か月以内くらい、と考えていれば間違いはありません。

●ヒスタミン系

風邪薬や花粉症の薬で「飲んで運転しないように」と記載してある成分です。鼻水、くしゃみなどのアレルギー症状をとめるのと同時に眠くさせます。薬局で買えるのはこの種類です。ただし、本来は眠るための薬ではなく、耐性もできやすいので、連用しているとすぐに効果が出なくなりますから、ご注意を。

能書をよくみると、服用を禁止されている人の項目には「日常的に不眠の人」「不眠症の診断を受けた人」が入っています。**ヒスタミン系の薬が睡眠薬として使えるのは、あくまでも「一時的に眠れないだけの人」**なのです。ですから、使うのは1週間以内、と考えてください。

●バルビツール系

以前は睡眠薬といえばこれでしたが、今はほとんど使われなくなりました。**依存性が高く、致死量が治療量と近い**こともあり、危険だったのです。睡眠薬は怖い、というイメージを持っている方は、おそらくバルビツール系の薬を使っていた時代の印象があるのではないでしょうか。

●非ベンゾジアゼピン系

最近次々と開発されてきた薬剤で、ベンゾジアゼピン系のものと同様、GABAレセプターに作用しますが、厳密にいうとベンゾジアゼピンの構造と似ているものの、若干異なるため「非」がついています。**耐性ができにくく、現在、医師が使う睡眠薬**は非ベンゾジアゼピン系にシフトしてきています。

「いい薬があるなら、それらを使ってもっと睡眠の質を上げて効率よく寝たい」と思うかもしれません。今までお話しした、睡眠とダイエットのことを考えると、睡眠薬を使ってでも睡眠の質を上げて体に効かせたいという考え方もあるからです。

ただ、眠るまでの時間が短くなったり、中途覚醒がなくなったりしたとしても、**睡眠の質、睡眠構造自体がよくなるのか、というとそこまでの期待はできません。**ひと晩に2回程度の浅い睡眠が増える、というのが現時点での睡眠薬の効果です。

不眠症状に悩む方にとっては、寝つきの早さや朝まで続けて眠れることは十分価値があります。もしあなたが「不眠」そのもので悩んでいるなら、睡眠薬を怖がることなく、主治医と相談して飲みはじめることをおすすめします。

睡眠法

18

睡眠導入剤は「眠らせる」ものではない

「睡眠導入剤を飲んでも効かない」

と、相談に来る人がときどきいます。

聞けば、服用している睡眠導入剤は今どきの主流になっている非ベンゾジアゼピン系。さらに、過去の睡眠薬イメージで効果を期待していることがわかります。

過去の睡眠薬のイメージとは、こういうものです。

「薬を飲んで、それからあれこれと動き回る。薬が効いてきたら眠くてしょうがなくなるだろうから、フラフラになったところを見計らって、バタンとベッドに潜りこむ。そうすれば、すぐ寝られるだろう」

当然のことながら、これは誤りです。

現在使われている睡眠導入剤は、**眠ろうとしている人を助けてくれる働きがあるものの、動いている人を力ずくで眠らせてしまうような作用はありません。**さらに、睡眠導入剤の効果を半減させないよう、飲んだら横になっている必要もあります。

睡眠導入剤は、飲んだらすぐに静かに横たわっていないと催眠作用が現れなくなってしまう薬だと思ってください。

●睡眠法 19

痩せホルモンが分泌されやすい「眠りの環境」を整えよ

眠る環境が清潔でなければ、深く眠ることはできません。つまり痩せホルモンが十分に分泌されず、痩せにくい体になります。ぜひ熟眠できる環境を整えましょう。

●1日1回、部屋のプチ掃除

1日1回、ハンドクリーナーやティッシュで綿ぼこりを取る程度でOK。スプレーしてふき取ることのできる簡単なハウスケア製品を利用するのもいいでしょう。

●週に1回、寝具のクリーニング

枕カバーやシーツなどは最低でも週に1回のペースで洗濯しましょう。抗アレルギー効果のあるシーツや布団カバーといった新しい製品で身の回りを整えるのは、睡眠ダイエットのための有効な投資になるでしょう。

●空気清浄機を導入する

部屋の掃除や寝具のクリーニングなどを「面倒くさい」と感じている人は、とくに心強いサポーターになるアイテムが空気清浄機です。

● 睡眠法 20

せめて寝室の空気清浄機は「国際基準」で選びなさい

眠っている間の環境次第で、体のリセット効果や痩せホルモンの分泌に格段の差がつくという話をしました。ぐっすり眠るために室内環境を整えるには、空気清浄機を活用するのも賢い方法のひとつだと私は思っています。

とはいえ、今は空気清浄機もピンからキリまで揃っている時代。家電売場で惑わないためにも、私の実践している空気清浄機の選び方をご紹介しましょう。

空気清浄機を買おうとして、多くの人がまず気にするのが「値段」と「フィルターの粒子除去率」という2つでしょう。「粒子除去率が高い割には値段が安い。ありがたそうな機能もついている。だったらこれを買おう」という展開で購入を決めたという話はよく聞きます。

私が参考にしているのは「国際的な基準」です。空気清浄機に国際的な基準があるのを知っていましたか？　たとえば、次の３つも基準となる例です。

・ＡＨＡＭ（米国家庭電化製品製造者協会）
・ＡＮＳＩ（米国規格協会）
・ＣＡＤＲ（クリーンエア供給率）

ＡＨＡＭとＡＮＳＩは、家電メーカーではなく、第三者機関が調べた規格。したがって公平性のある評価を知ることができます。

ＣＡＤＲは、「風量（空気量）×粒子除去率」の計算式に基づいて出した数値のこと。粒子除去率とは、「フィルターがこれだけの粒子を捕まえる能力がありますよ」という意味。つまり、**CADRとは、「1分間に、どのくらいの空気を綺麗にして送り出してくれるのか」を表示したもの**、ということになります。

実際、日本ではＣＡＤＲまで詳しく表示されている空気清浄機は、なかなかお目にかかれません。

ですから、ＣＡＤＲのことを含め、こだわりを持って空気清浄機を選びたいという人は、ＡＨＡＭのホームページを参照することをおすすめします。

表記は英語ですが、一覧表は製品名と数字を見ればＯＫ。ためしに製品の表だけでも眺めてみてください。アメリカの製品だけでなくすべて載っていますから、それをみてＣＡＤＲの値がどのくらいなのか、確認してください。

ホームページに掲載されていないメーカーや製品は、ＣＡＤＲが明らかにされていないということ。**本物の空気清浄機として、私たちが選ばなければならないのは**

CADRの記載があるものですから、なるべくホームページに掲載されているもののなかから探すといいでしょう。

・AHAM（米国家庭電化製品製造者協会）のホームページ http://www.aham.org/

　ほかにも、ハウスダストや花粉症などアレルギーで睡眠が妨げられる人に提案したい空気清浄機の選び方があります。それは、**英国アレルギー協会の認証を受けているかどうか**、という点に着目することです。

　空気清浄機に英国アレルギー協会の認証マークがあれば、独立した研究所で試験がおこなわれた製品という証明です。メディアからの社会的評価も非常に高いものといえます。

　予算やメーカーのイメージだけでなく、用途や目的に応じて選ぶことが後悔しない空気清浄機選びの基本です。あなたの体を朝までにしっかりリセットしつつ、健康的で美しく痩せるためのマシンだと思えば、こだわって空気清浄機を選び、購入することは高い投資ではないかもしれません。

●睡眠法 21

就寝30分前に食べてもいいもの

寝る前にものを食べると深く眠ることはできないのは、もはや常識。ダイエットを心がけている人なら、なおさら「寝る前に食べると太る」という鉄則は守らなければならないこととして十分に理解しているはずです。

寝ている間は体を休ませて、十分にリセットとダイエットのためにエネルギーを使いたい状況なのに、食べ物を消化するという仕事を割り込ませるのは言語道断。

寝る前3時間は、何も口にしないことはリセットとダイエットという目的を達成するためには必須です。

とはいえ、どうしても何か食べたいときもあります。そんなときは、**就寝時間から逆算して、次のようなもので空腹を満たしてみてはいかがでしょう。**できるだけ体に負担のかからないものを食べることが、深い睡眠をとるための秘訣です。

- 就寝前1時間以上ある場合……味噌汁やコンソメスープといった刺激の少ない、消化の良い食べもの。目安は腹7分目くらいまで
- 就寝前30分以内の場合……油分の少ない汁物（ポタージュよりはコンソメスープ）やハーブティー。目安は腹6分目くらいまで

●睡眠法 22

お休み前の運動は「呼吸法」が一番

運動不足を自覚している人や、体を動かすことが苦手な人は必読です。ぐっすり眠って、痩せホルモンをたっぷり出すための、簡単にできる寝る前のエクササイズがあります。

就寝前のエクササイズの前には、まずは「水」を十分にとっておくことをおすすめします。このときに飲むのは**「水分」ではなくて「水」**であることが大事です。水については第４章で詳しく述べますが、**寝る前には刺激が少なく、ぬるいと感じるくらいの室温～体温くらいの水が理想です。**

肝心の運動については、リラックス系のヨガやストレッチが最適ですが、極端な話、「呼吸法」だけでもおなかがへこみます。お腹を凹ませる呼吸法として、おすすめなのは「ドローイン」。実際のやり方については第3章で詳しくお話しします。強い筋トレや呼吸があがるような運動は、体が活動的になってしまうため、おすすめできません。

呼吸法であれば、お腹を凹ませる効果だけでなく、深呼吸として精神を落ち着かせる働きもあるので、眠る前の運動としては最適といえるでしょう。

●睡眠法

23

やってはいけない第1位は、寝室の植物と加湿器

「ぐっすり眠るための基本は、寝る前にリラックスすること。だから、いつもいい香りのする生花を寝室に飾るようにしています」

「冬場はノドが乾燥しがち。眠るときも快適に過ごせるよう、寝室には加湿器を置いています」

一見、気持ちのいい睡眠をとるための環境づくりのお手本のような意見ですが、実はこれ、やってはいけないことの代表的なパターンなのです。

寝室に生花を飾らないほうがいいという考え方は、割と最近、広まったものです。実は、病院でも、お見舞いの際の注意書きに生花を控えて欲しいという項目が加わるようになりました。

その理由は、花瓶にありました。

花瓶のなかの水は毎日のように取り替えるものの、花瓶そのものを洗う機会は多くはありません。花とはいえ生ものが入っている器であれば、そこはカビや雑菌など微生物の繁殖する温床になってしまうのです。花そのものにも小さな虫がついていることもあります。

したがって、寝室に生花は持ち込まないこと。せめて寝ている間だけでも外に出すこと、が熟眠のための新しいスタンダードになっています。

同じ「水」という意味では、寝室の加湿器にもあてはまります。

加湿器の水は、頻繁に変えることをしない人がほとんどではないでしょうか。容器が空になりそうになったら、そこに新しい水を注ぎ足していってはいませんか？　また、加湿器の容器を毎日、洗剤を使って丁寧に洗浄する人がまれであるのも事実でしょう。

すると、加湿器のなかの水そのものが、花瓶の場合と同様、**カビや雑菌など微生物の繁殖池になってしまう可能性が大きい**のです。

寝ている間中、微生物が混ざった水蒸気を吸っていると思ったら、怖くないですか？　もちろん、そのような環境で深い眠りができるとは思えません。痩せホルモンの分泌量も多くはないはずです。

もしも、あなたが加湿器を愛用しているなら、これからあなたがとるべき道は2つあります。

ひとつは、毎日使う食器と同じように、まめに洗剤で洗うことです。

もうひとつは、加湿器を使用する以外の方法で部屋を加湿することです。

加湿器を使用する以外の方法で部屋を加湿する方法で、**私が提案するのは洗濯物を部屋干しする**ことです。

洗濯したばかりの衣類は清潔です。さらに、一度、洗濯物が乾くと、それ以上は湿気を放散させません。ですから、眠っている間に過剰な水蒸気が出続けて結露になるというリスクも抑えられます。

寝室は清潔なシャボンの香りが漂い、ほどよい湿度をキープしたまま、気持ちよく深い眠りにつくことができるでしょう。

ひとつ気をつけたいのは、干す洗濯ものの使い回しをしないことです。

たとえば、同じタオルを何度も濡らして干す、ということを繰り返すのは、清潔ではありません。**干すものは、いつでも洗い立てが基本です。**

お金と手間を使うことなくできる、エコな知恵ともいえるでしょう。

第3章

これが正しい「寝るだけダイエット法」だ

●睡眠法 24

就寝1時間前の入浴で「深部体温」を下げなさい

寝る前の入浴は、気持ちよくぐっすり眠るための鉄板の方法です。

最近は、「湯船に浸かるより、シャワーで済ませてしまうほうが手っ取り早いし掃除も楽だから」という理由でシャワー派も増えています。

ですが、深い睡眠で痩せホルモンの分泌をうながすのであれば、断然、湯船に浸かるべきです。百歩譲って、手足だけでも3分間、しっかりとお湯に浸けてあたためることをおすすめします。

就寝前の入浴が、質のいい眠りに関わっている理由は、**「深部体温」**にあります。

一般的に「体温」というと、私たちは腋の下で計る表面体温を考えます。対して、**深部体温とは内臓の体温のこと**をいいます。私たちの体は、夜、深部体温が下がってくると眠くなるようにできています。

入浴が深部体温を下げる仕組みを簡単に説明しましょう。

私たちが湯船に浸かることで、体の表面はあたたまり、血行がよくなります。すると、体の表面から熱が放射されるようになります。表面温度はあたたかいまま、体の中心部の体温、すなわち深部体温が下がっていこうとします。これが、入浴後に深部体温が下がる仕組みです。

ちなみに、この深部体温が下がるという現象を日常で実感できることがあります。たとえば、眠くなったときに、手足がポカポカとあたたかくなるのを感じたことはありませんか？　これは、体が眠ろうとして表面から熱を放射しつつ、深部体温を下げている証拠です。

反対に、手足が冷たいままでは、なかなか眠れないのも同じこと。深部体温がさがらないと、眠りのブースターは働きません。

このように、私たちの体は自然に、就寝前に深部体温を下げる調整をおこなっているのです。

次に、「痩せホルモン」を出すのに効果的な入浴方法について、具体的に説明しましょう。

理想的なのは、就寝の1時間前までに、約38～40度という、いわゆる〝ぬるめの風呂〟に最低でも10分間、ゆっくりと浸かることです。

入浴には、リラックス効果があるといわれていますから、日頃のストレスを解消すべく、ゆっくりと湯船に浸かることをおすすめします。

気をつけたいのは、**熱すぎる湯船に長時間、浸からない**ということです。熱いお湯に浸かることで、体に過剰な負担がかかってしまうというのがその理由です。それから、もうひとつ、活発な活動のときに作用する交感神経が刺激されてしまう、ということも考えられます。

交感神経が刺激されてしまっては、眠るどころか、反対に目がランランと覚めてしまい、しばらくは眠れなくなってしまう危険性もあります。あくまでも、湯船はぬるめに設定しましょう。

冒頭で述べたように、シャワー派にも手足をあたためる習慣は、ぜひとも身につけてほしいこと。こちらも湯船の場合と同様に、バスタブや深い入れ物に39～42度のお湯を張り、３分間ずつ、交互にじっくりとあたためます。なかなか寝付けない夜にもためしたいワザのひとつです。

夜はぬるめのお湯で眠気を誘い、自然な流れで眠りにつき、痩せホルモンを十分に分泌。そして、朝は熱いシャワーでスッキリと体ごと目覚めるようにします。

これが、ダイエットを後押しする入浴の方法といえます。

● 睡眠法 25

「寝心地がいい」と感じるのは、寝床内気候が整っているから

睡眠はとてもデリケートなものなので、ちょっとした外的要素によって実にさまざまな影響を受けます。たとえば、同じ快適な室内にいたとしても「板の間にゴロ寝したまま朝を迎えた人」と「お日さまの香りのするふんわりした布団で朝まで眠った人」とでは、目覚めたときのスッキリ具合には格段の差があります。

当然のことながら、痩せホルモンの分泌量にも違いがあることは明らかです。

眠るときの環境以外にも、睡眠に影響を与える要素はあります。「寝床内気候」と呼ばれるものもそうです。寝床内気候とは、眠るときに人と直接触れる、ごく近い空間の状態のことをいいます。わかりやすくいえば、**布団の中の温度や湿度**、ということになります。

この寝床内気候によって、私たちの睡眠は深さが変わります。たとえば、夏の暑い晩に、布団を頭からかぶって眠ろうとしても眠れないのは、寝床内気候が眠りに適していないからということになります。

それでは、布団の中の湿度や温度は、どのくらいであれば、気持ちよく眠りにつくことができ、痩せホルモンも十分に分泌されるのでしょうか。

実は、寝床内気候の適正な数値は明らかになっています。**布団の中の最適温度は**

32〜34度、最適湿度は40〜60%です。

まず、適正温度ですが、私たちが裸でいても心地よいと感じられる温度は29度。睡眠中は深部体温が低下しており、表面から熱が放射されます。体からの放射熱は寝具に移り、体を保護するように32〜34度という体温より少し低めの温度をキープします。

適正湿度の40〜60%は、体から蒸発した水分と、室内の環境とが合わさって、つくりだされる結果によるものです。ちなみに、私たちの体からはひと晩でコップ1杯分もの水分が汗となって出ていきます。

寝床内気候が保たれると、私たちは「寝心地がいい」と感じます。布団やシーツ、毛布やタオルケット、パジャマなどの組み合わせによっても変わりますが、「寝心地がいい」と感じることは良質な睡眠をとるために欠かせない条件のひとつ。したがって、寝ている間の痩せホルモンの分泌も活発になる、というわけです。

エアコンや暖房にたよる季節には、寝床内気候をバランスよく保つうえで、気をつけたいことがあります。

夏の場合、エアコンや扇風機、除湿器を使用する機会も増えます。その際は、各機器からの風が直接、体にあたらないように注意しながら、さらにタイマー機能を活用します。就寝して3時間後にはタイマーのスイッチがオフになっていることが望ましいでしょう。

タイマー機能を使わずに、ひと晩中、体を風にあてていると、朝起きたときに体がグッタリとしているケースもあります。これでは痩せホルモンを出すどころか、しっかり眠ったつもりでも、体の疲れは芯からとれていないことになるので注意。

また、冬の場合、**寒さのあまり「とにかく部屋をあたためよう」と暖房をガンガンつけてしまうのは大きな間違い。**あたたかすぎる部屋では、かえって寝付きが悪くなることも多いのです。

この場合は、眠る前に部屋をあたためておき、布団に入ったら暖房のスイッチをオフにするくらいがちょうどいいでしょう。

なるべく機械にはたよらず、自分の体温と寝具で調整しながら、寝床内気候を整えるように心がけること。そうすることで、季節と環境に応じて微調整のきく体になっていくはずなのです。

● 睡眠法 26

顔の位置は床から最低30センチ以上。ベッドで寝るのが理想的

高いところで寝るほうが、低いところで寝るときと比べ、痩せホルモンの分泌は活発になります。

理由は、「空気の汚れ」にあります。

空気はほっておくと淀んでいくものです。室内に存在するアレルゲンとなるものやホコリ、粒子などは空気中に浮遊していますが、時間の経過とともに下のほうに淀んで溜まってきます。

だいたい**床から約30㎝の高さが、もっとも汚染濃度の高い場所**とされています。布団を敷いて寝ている人にとっては、床から30㎝はちょうど顔の高さにあたります。体をリセットするために寝ているときに吸う空気が、部屋のなかでももっとも汚れているのは大問題といえます。

できればベッドを置いたり、マットレスを重ねて敷いたりすることで、寝ているときの顔の位置を30㎝より高くしたいところです。

部屋の間取りや広さの関係で難しい場合は、空気洗浄機を活用する手もありますから安心してください。

睡眠法 27

枕は首を支えるもの、敷布団は腰を支えるもの

「朝、起きたときから肩がこっている」

「睡眠時間は足りているのに、朝から腰が重い」

もしも、そんな症状に心当たりがあるなら、その**不調の原因は布団や枕などの寝具にある**のかもしれません。

眠れるようになった人は多いもの。自分に合う寝具に変えただけで、たちまちぐっすりと眠れるようになった人は多いもの。痩せホルモンの効果も期待できます。

自分に合った寝具の見つけ方のコツには、次のようなことがあります。

●枕選びのポイントは「高さ」

多くの人が勘違いすることに、**「枕には後頭部を乗せて眠るもの」**というものがあります。ところが、**これは間違い。**なぜなら、後頭部を枕に乗せると、首が前に倒れすぎてしまい、うつむいたときの形になってしまうからです。これでは次第に苦しくなってきて、熟睡ができません。

普段、私たちが二足歩行で生活しているときは、頭と首は自然なS字カーブを描いています。ですから、寝るときもその**S字をキープするような形**で横たわることが望ましいのです。

S字カーブを保ったまま横になると、後頭部は下に向かって突き出す状態になります。首は後ろにグーッと落ち、布団との隙間が空くようになります。このときに、**枕で首の部分を支えられていることによって、私たちは心地いいと感じる**のです。

最近では、枕の中央部分がくぼみ、その分、周りが高くなっているものが売られています。仰向けのときには後頭部がくぼみにはまり、寝返りを打って横向きになっても頬がしっかり支えられる、という工夫がされているものもあります。

また、枕のサイズにも気を配りたいところです。極端に小さい枕だと、寝返りを打ったときに頭がガクンと枕からはずれてしまうおそれがあるからです。できればホテルによくあるような大きな枕が理想的。なおかつ、クッションの具合が、上を向いても横を向いてもちょうど首回りの支えになるような硬さのものがベスト。

枕の材質によって形状が変化する枕もありますので、枕を購入するときは、自分で実際にためしながら選ぶことをおすすめします。

●布団は、腰をバランスよく支えているものを

かたすぎる材質の布団や、薄い〝せんべい布団〟は、腰に負担がかかります。背

中とおしりという背面の凸の部分に圧力が集中するため、腰が浮いた状態になってしまうからです。腰への負担のほか、背中やおしりへの血行障害にもなり、熟眠はできません。したがって、痩せホルモンも出にくくなってしまいます。

とはいえ、柔らかすぎる布団も、体が布団に深く沈み込みすぎてしまい、息苦しくなるのでNG。

それでは、どのような布団であれば、深い眠りにつくことができるのでしょう？

実は、枕選びのときと同様にS字カーブを使って考えてみましょう。枕のときは、頭と首のS字カーブでしたが、**布団選びには背骨のS字カーブ**を活用します。

私たちの体は、背中とおしりは後ろ向きのカーブ、腰は前向きのカーブを描いています。仰向けになったときにも、この姿勢を維持するようにしたいのです。

寝返りで横になった時は、横から見て背骨がまっすぐであることが求められます。

これらの条件を満たせば、あなたにピッタリ合った寝具を選ぶことは可能です。自分にフィットする寝具は、熟眠とダイエットを促進させる働きがあると思って、今よりもっと慎重に選んでみてはいかがでしょう。

●睡眠法 28

メラトニンが分泌される真っ暗な部屋で眠りなさい

自分自身が眠りにつくときのことを考えてください。

部屋の明かりは消しますか？

それとも、小さな電気だけでもつけておきますか？

実は、明るい環境では深い睡眠が得られにくくなり、痩せホルモンも分泌しにくくなります。その理由は、**痩せホルモンとはまた別のホルモン「メラトニン」に関わりがあります。**

メラトニンには眠りを誘う役割があります。眠りについたとき、脳内からメラトニンがたっぷり分泌されることで、速やかに心地よく深い眠りに入れます。

メラトニンが効率よく分泌される明るさは0・3ルクスといわれています。蛍光灯のついた部屋の明かりは３００ルクス以上が一般的ですから、０・３ルクスがほぼ真っ暗の状態であることがわかると思います。ちなみに、**部屋の明るさが30ルクス以上あると、メラトニンの分泌は減り、**眠りは浅くなります。

寝る時間が近くなったら、まずは、間接照明などで暗めにして眠る準備をします。その後、寝る時は小さな電球も消すことで、深い眠りにつくことができます。

●睡眠法
29

セックスは痩せホルモンの味方。おひとりさまはドローイン

睡眠の質を上げるための方法のひとつに、「仲のいいパートナーがいる」というものがあります。なぜなら、**痩せホルモンを十分に分泌させながら眠るための最高の運動はセックス**だからです。

１９９４年、イタリアで開催された「ユーロスリープ学会」という睡眠研究学会で「快眠のためのもっとも効果的な方法は、就眠前のセックス」という研究結果が発表されました。セックスの前後で活動スイッチのオンとオフがはっきりと切り替わることで眠りやすくなる、というのがその理由です。

さらに、女性ではセックスのときには、オキシトシンというホルモンが分泌されることがわかっています。**オキシトシンは「信頼ホルモン」「愛情ホルモン」とも呼ばれ、体中が安らぎで満たされる作用があります。**そのため、精神が安定する効果があり、安眠しやすくなるのです。

セックスの後は、眠りが深く安定するため、痩せホルモンの分泌は盛んになって、ダイエットには最高の条件が揃うことになります。

現在、セックスのお相手がいない人におすすめしたいのは、第2章でも少し触れましたが、**ドローインと呼ばれる呼吸法**です。ドローインとは、いわゆる腹式呼吸のこと。**インナーマッスルに効く**といわれる呼吸法です。

ドローインのやり方は簡単です。

まず、胸とお腹の境目に横隔膜という筋肉があることを意識してください。横隔膜はただの膜ではなく、筋肉のことです。この横隔膜と凹ませたい下腹部に気持ちを集中させながら次の方法で呼吸をしましょう。

【ステップ1】両足を肩幅くらいに広げて立ちます
【ステップ2】両手をおへそより下のお腹に置きます
【ステップ3】横隔膜を下げることを意識して鼻から大きく息を吸い込みます。
このとき、お腹は膨らんでいれば正しくできている証拠です
【ステップ4】下腹から横隔膜を上げて絞り出すように口から息を吐きます。
両手はあくまでも動きの確認。下腹が凹む感じをつかんでください

これが、ドローインのやり方です。

もしも、下腹が動きにくい人は、ドローインの前に「肛門しぼり」をためしてみ

てはいかがでしょう。

「肛門をギュッと絞るように閉める」あるいは「排尿を止める」そういったつもりで、下腹に意識を集中させます。骨盤の下を支える筋肉が引き締まると、連動して下腹部の筋肉も使いやすくなるのです。

ちなみに、「肛門しぼり」は外から見ても運動しているようには見えないので、昼間、電車の中とか、レジ待ちの列でもさりげなく鍛えることができる便利なトレーニング方法です。

ほかにも、**布団に横たわった状態でも、呼吸法でおなかを凹ませることは可能**です。仰向けに寝ておこなうだけで、基本的な手順は右に記したドローインとなんら変わりません。

意識するのは、**息を吐き切ったときに腰の反りが床から浮かずに少し前かがみの状態**になっているかどうか。これでお腹が凹む感じがつかめるでしょう。

パートナーがいる人はセックス、いない人は呼吸法で、就寝前の気持ちをリラックスさせます。すると、寝ている間に痩せホルモンがたくさん分泌される体になるはずです。

● 睡眠法
30

ベッドを使うのは、セックスと眠るときだけと決める

「ベッドに入ってもなかなか眠ることができない」という悩みをよく聞きます。

生活が不規則な人に多いパターンとして、眠りが習慣づけられていないと、疲れ切るまで眠れないようになってしまう傾向があります。

だからといって、無理やり起きても生活のパフォーマンスはあがらず、いつも疲れがたまって食欲だけが増していってしまいます。

これが、睡眠の質の低下による肥満につながっていくのです。

「睡眠」と「覚醒」の切り替えスイッチを上手に操るには、どうしたらいいでしょうか？

それは、**「ベッドに入るのは眠るときとセックスのときだけ」とルールを決める**ことです。ベッドに入って眠れずに悶々としている時間が多いと、「ベッド＝不眠で苦しむ時間」という非常に困った、マイナス条件反射ができてしまいます。

これを防ぐためにも、眠るときとセックスのとき以外はベッドを使わないようにします。**「ベッド＝セックス＋睡眠」**なら、健康的なプラスの条件反射として頭にもインプットしやすいはずです。

●睡眠法 31

眠るルーティンをつくる

ぐっすりと眠るために、自分なりの「就眠儀式」をつくっている人もいます。「これをしたら必ず眠れる」という儀式をつくっておくと、気持ちのうえでも不安が解消されます。

似たようなことは、スポーツ選手たちもおこなっています。「ルーティン」と呼ばれる、パターン化した動作や行動の流れのことです。**一連の流れのある行動や動作をすることで、自然と集中が高まってくる**働きがあります。ルーティンの動きが、脳の無意識な部分を目的通りに動かせるようにするのです。

ルーティンは、野球のイチロー選手やゴルフのタイガー・ウッズ選手も活用しているといわれています。スポーツ選手の場合は集中力、最大限のパワーの発揮、ですが、このルーティンを作ることは眠りにも応用がききます。

たとえば、**「入浴→肌のお手入れ→ハーブティーを飲む→ベッドに行く」というパターンを繰り返す**ようにしただけで、眠るための心の準備が整うルーティンができあがるのです。

ルーティンは、人それぞれ。楽しみながらできるルーティンを考えてみませんか？

●睡眠法
32

「眠らなければ！」と思わないこと

眠れないプレッシャーは、周りが思う以上に本人にとっては辛いものです。**「眠らなければならない」と思えば思うほど、余計に眠れなくなってしまいます**が安心してください。大丈夫、あなたは必ず眠れます。「ひと晩やふた晩の不眠は後で取り戻そう」というくらいのゆるいスタンスでいいのです。

私たちは、眠れない状態が永遠に続くことはありません。どこかで必ず脳から「強制終了」の命令が下されます。

たとえば、徹夜をした翌日の電車では、「起きていなければ！」と思っても、座席に座った途端に眠ってしまうのと似ています。**断眠は、意志の力では続けられないもの**なのです。

ずっと起きていたのちに、次第に眠くなっていく現象のことを、専門家は「睡眠圧が高まる」と表現します。

眠れない日々が続くようでも、どこかのタイミングで睡眠圧が高まってくるのを感じたら、そのまま横になって休むのもよし、暗い部屋でゴロゴロするのもよし。あなたにとって、もっとも楽な方法で眠りまでソフトランディングしていってください。

睡眠法 33

薬草・自然の力をおおいに借りる

痩せホルモンをしっかり分泌させて眠るために、ぜひ活用したいのがアロマを含む薬草などの力です。アロマテラピーというと、「面倒くさそう」「コストがかかりそう」と思うかもしれませんが、一度、体験してみると、その楽しさと奥深さにハマってしまう人も多いのです。

リラックス効果、安眠効果のあるといわれているアロマテラピーですが、実際にどんなものがあるのでしょうか。一般に、**ハーブ系、シトラス（柑橘《かんきつ》）系、樹木系の香りには鎮静作用がある**といわれています。

また、寝る前に服用すると安眠作用のある薬草も存在します。この薬草で、**睡眠中の体のリセットをサポートする自然療法**をうまく活用すると、深い睡眠が得られ、結果として睡眠の効率がよくなります。

睡眠の効率がよくなれば、痩せホルモンも出やすくなるため、本来の目的である健康的に美しく痩せることが可能になります。

熟眠のためにアロマの知識をプラスワンすることで、同じ時間を眠るのでも睡眠の効率を高めていきましょう。

次に、熟眠をサポートするといわれている、おもなアロマについて説明します。

●バレリアン

和名は西洋カノコ草。千年以上前から鎮静剤として使われている歴史を持つハーブです。

22歳～55歳の男女にバレリアンを2週間投与したところ、深睡眠にいたるまでの時間を短縮し、また深睡眠も多くなった、という報告があります。

また、寝る前30分にバレリアンを服用すると、**睡眠薬に相当する睡眠促進作用があった**とも報告がでています。ほかにも、筋肉の緊張や痛み、潰瘍、動悸などにも効果があることもわかってきています。睡眠の妨げとなる神経痛、筋肉痛、偏頭痛、リウマチ性疼痛、むずむず足症候群、女性の月経前症候群で悩む方には、一般の鎮静剤より安全に使えるでしょう。

●レモンバーム

和名はセイヨウヤマハッカ。葉っぱをこするとスカッとレモンみたいな香りのする、いい香りの漂うハーブです。

レモンバームは、数百年前から鎮静剤として使われてきました。現在は、さらに強い抗酸化作用、潰瘍治癒促進作用、疼痛改善作用、抗ウイルス、抗菌作用などがあることもわかってきています。**睡眠中の体のリセットと感染予防**にはもってこいのハーブでしょう。

●ラベンダー

安眠作用のある有名なハーブです。大学生の睡眠中の脳波をとって調べた研究では、**ラベンダーの香りで深いノンレム睡眠が増えた**、という報告があります。

英国では病院施設で不眠に悩む高齢者にラベンダーを嗅いでもらったところ、夜の不安感が減って楽に一晩過ごせるようになったというケースも。乾燥させたラベンダーを部屋に置いて、安眠のために使っている情景が、時々西洋の映画などでみうけられます。

●ホップ

ビールの原料として有名ですが、ビールにはアルコールも入っているのでビールを飲んでも睡眠ダイエットの効果は出ません。あくまでもホップとして使いましょう。おだやかな鎮静作用があり、他のハーブと合わせて、よく使われます。
また、**ドイツでは不安不眠の治療に推奨されるハーブ**でもあります。

●シダーウッド

寺院の薫香《くんこう》に使われるという、神秘的樹木の香りです。私たち日本人はヒノキの香りでリラックス、という感覚があるのではないでしょうか。

やはり大学生での研究で、この香りを就眠前後2時間かいでもらったところ、特に**寝付くまでの時間が短くなった**、という報告があります。

●カモミール

大地のリンゴ、とも呼ばれるフルーティな香りで、寝る前のハーブティーによく利用されます。

不眠ラット（不眠症にしたネズミ）に与えた実験では、催眠作用が認められています。ほかにも、抗不安作用、鎮静効果が高く、明らかな**睡眠促進効果**が認められています。

●緑茶テアニン

緑茶を飲むとホッとする、という経験があなたにもあることでしょう。緑茶にはいくつかの成分がありますが、緑茶のうまみのもとがテアニンです。

健康な男性の実験で、テアニンは眠るまでの時間を短縮し、途中で目覚めにくくなることがわかりました。睡眠効率の改善により、起きた時のリフレッシュ感がよく感じられたそうです。

中高年の女性では、副交感神経の活動が高まり交感神経の活動は抑えられることが確認され、やはり起きた時の回復感が改善されていました。

お茶として飲むと、カフェインも一緒に摂ってしまうので、眠れなくなることがあります。テアニンは、お茶からの抽出物を**ドリンク剤型サプリメントで寝る前にとる**のが、もっとも効果が上がる摂取方法です。

●睡眠法
34

睡眠中の修復再生を「酢」で加速させよ

「眠りの質はだいぶ上がってきた。しかし、今よりもっと改善させたい！」

もしも、そんなふうに上をめざすなら、やるべきことがあります。眠っている間にさらに体が若返り、スリムな体を手に入れることができる、魔法のアイテムを生活に取り入れることです。

魔法のアイテムの正体は「お酢」です。

「酢」には、私たちの求める効能がたっぷり入っています。**抗菌作用、乳酸分解による疲労回復、コレステロールを低下させる働き**もあります。

国内メーカーの研究では、実際、内臓脂肪の低下、中性脂肪の低下、高血圧患者での血圧降下、血糖値上昇の抑制、が報告されています。

「酢」は刺激が強く、歯牙を溶かしますので原液では飲まないこと。また、カロリー制限を兼ねて、うすめて甘味料なしで飲めるようにするか、低カロリーに調整してあるドリンクを選んで飲みましょう。

飲みやすい「酢」として果物酢、ブドウ酢＝ワインビネガーがあります。ブドウ酢にはポリフェノールも豊富なので、寝ている間に体をリセットする、ということなら、一石二鳥です。

第4章

健康な「痩せ型」を維持する生活習慣

睡眠法 35

痩せるために「脂質」を抜くのはやめなさい

健康的で美しい体をつくるために必要な３要素は「空気」「水」「栄養」です。

これらのうち、どれが欠けても潤いのある引き締まった体を手に入れることはできません。とくに、起きて活動している間は「栄養」を意識することが大切です。**「ダイエット中だから控えるべきだろう」と思い込み、自主規制をかけて、思いがけず不足してしまう栄養素**があります。それは**「脂質」**です。

「ダイエット中の食事は油抜きが基本」という間違った常識が広がっていますが、**これは完全な誤解**。私たちの体は、60パーセントが水、20パーセントがタンパク質、残りの20パーセントは脂質でできています。脂質は、細胞膜や一部ホルモンの原料として必要不可欠な栄養素なのです。また、脳はその構造上、固形部分のほとんどが脂質でできています。

脂質が悪者扱いされるのは、カロリーの高さだけでなく、エネルギーを効率よく貯めておくことができるという特徴にあります。

原始時代、寒さの厳しい季節や飢饉を生き抜くことができたのは、脂肪を体に貯めておける人だったといわれています。脂肪細胞に蓄えられた脂肪は１kgあたり７２００キロカロリーを貯蔵できるため、たくさん脂肪を持っている人ほど、エネルギーが豊富だったのです。それが、飽食の時代になった今、その能力が肥満やメタボリック症候群として私たちを苦しめることになったのは皮肉というべきでしょう。

脂質を効率よく摂取し、無駄なく活用するためにできること、それは食べ方に注意することです。

まず、ダイエット中なら避けたいこととして、**「酸化した古い油（過酸化脂質）をとらない」**ということが挙げられます。**酸化した古い油は、その強い酸化力で、私たちの細胞を傷めるから**です。一度使った油は使い回さないようにしましょう。

さらに、大きくて割安感のある油を買うのではなく、小さな容器のものを買って、開封したら早めに使い切る、というのも油を酸化させない工夫のひとつです。

外食の場合は、つねに新しい油を使っているとは限らないため、一緒に何を食べるかが重要です。具体的には、**「なるべく多種類の野菜と果物を丸ごとたべる」「生魚を食べる」「脂排泄のためのレシチンをとるためにたくさんの大豆を食べる」**といったことが、古い油ブロック対策として考えられます。

やみくもに油を敬遠するのではなく、正しい知識を身につければ、ダイエット中でもおいしくて満足感のある食事ができることを覚えておいてください。そして、油の種類と選び方を理解すれば鬼に金棒ですから、簡単にご説明しておきます。

常温で固まっている油は飽和脂肪酸。これは極力少なくしましょう。**しっかりとるべき油は、常温で液体の不飽和脂肪酸。**種類と理想の食べ方は次の通りです。

【不飽和脂肪酸の種類】

オメガ９脂肪酸（オレイン酸）：代表はオリーブオイル

オメガ６脂肪酸（リノール酸）：一般に多用される穀物・種子油

オメガ３脂肪酸（リノレン酸）：魚の油

【不飽和脂肪酸のとり方】

オメガ９（オレイン酸）で１日の油の半分以上〜70％をとる

残りの油はオメガ６（リノール酸）：オメガ３（リノレン酸）＝４：１でとる

私たちが気の向くままに食べる料理では、このバランスが20：１くらいです。毎日の栄養をしっかりとるためにもサプリメントを活用するのもよい方法です。

●睡眠法 36

複合糖質を増やし、単純糖質を減らしなさい

ダイエット中の食事のルールのひとつに、**「白より色」「粉より粒」**という法則があります。

このルールにしたがえば、太りにくい食事をしつつ、必要な栄養がとれるという一石二鳥の効果がります。

具体的には、**白米よりは玄米、菓子パンよりは胚芽パン**、といった塩梅《あんばい》です。

空腹時に甘いお菓子で紛らそうと少しつまんだものの、しばらくすると強烈にお腹が空いてしまい、結局ちょこちょこ食べ続けた、という経験はありませんか？

これは、精製した穀物や砂糖だから起こること。精製した穀物や砂糖により急上昇した血糖値を抑えようと分泌された大量のインスリンは、体脂肪を蓄え、メタボな体をつくっていってしまうのです。

白いものや粉ものを食べるときは、その前にサラダや海藻といった食物繊維を大量に摂取して、体脂肪の増加をブロックしましょう。

ちょっとした食べ方のコツで、太りにくい体ができます。

● 睡眠法

37

ダイエットの成否を左右するのは微量栄養素

キレイに痩せるためのダイエットに必要な栄養素はいくつかありますが、ビタミンもそのひとつです。

ビタミン、ミネラルは車でいうとエンジンオイルです。体を動かす直接のパワーではなくても、パワーを発揮するためにはなくてはならない縁の下の力持ち。そんな、ビタミンC、ビタミンB群についておさらいしましょう。

ビタミンCは、コラーゲン生成になくてはならない補酵素。人間は自分の体でビタミンCを作り出せないうえに、食べ物のなかのビタミンCは熱に弱く、水にも溶けだしやすいという特徴があります。

また、余分にとってもあまった分は尿として排泄されてしまいます。ビタミンCがいつも体の中に潤っているようにするには、サプリメントを活用するなどして、毎日、数時間おきに補充することです。

エネルギー代謝のためになくてはならないのが、ビタミンB群です。

ビタミンB群は代謝のみならず細胞の新生、消化機能、皮膚の健康、睡眠の改善

にも影響をおよぼすので、十分に摂っておく必要があります。

それも1種類だけをたっぷりとるようなやりかたではなく、B群をまとめて全種類まんべんなくとるのがよいのです。必要な場所にそれぞれが配置されていると、それこそ上手な大玉送りのようスムーズにエネルギーが発揮されていきます。

また、ミネラルも人の体では作り出せない微量元素ですが、身体の材料としても調整役としてもなくてはならないものです。

からだ構成成分の中にちりばめられるようにして存在することで、体が完全に健康を維持できるための役割を果たします。生命は海から誕生しましたが、その名残が今でも私たちの体の中に残っている、と言ってもいいでしょう。

たとえば、**骨の健康のために、とカルシウム摂取を意識する方は、マグネシウムとのバランスを考えてとる**ことをおすすめします。

カルシウムだけを多くとると、マグネシウムが多く排泄されてしまい、カルシウム過剰により腎臓結石の危険が増してしまうのです。

理想のバランスは、**カルシウム対マグネシウム＝２：１**です。

マグネシウムそのものは、血圧の調整、脳内物質セロトニン、ＧＡＢＡ生成の補酵素としての役割がありますから、良い眠りを得たい私たちには欠かせないミネラルです。

そして、最近話題になっているのが亜鉛です。

亜鉛は、細胞分裂や遺伝子情報に関係し、生命に直結しているミネラルです。**インスタント商品やスナック菓子によって、亜鉛の吸収は阻害**されてしまいますから注意してください。なるべく亜鉛を多く含む貝類を意識して食べるようにするのがおすすめです。

●睡眠法 38

ビタミンミネラルは、現代人に圧倒的に不足している

「健康と美容、そしてダイエットのためには、とにかくビタミンを豊富に含んだ野菜を食べればいいに違いない」

そんなふうに思って野菜を食べていても、落とし穴が潜んでいることもあります。

たとえば、**最近は野菜自体の栄養素が低くなっている**という問題があります。

文部科学省科学技術・学術審議会資源調査分科会が調査して公表した「四訂版日本食品標準成分表」（１９８２年）と「五訂版日本食品標準成分表」（２０００年）の数値で比較、確認したところ、野菜１００グラムあたりのビタミンCの含有量がニンジンは７㎎から４㎎に、トマトは20㎎から15㎎、ほうれん草は65㎎から35㎎というように大幅に減っていることがわかり、驚きました。

今から50年以上前にあたる、１９５０年に発行された最初の『日本食品標準成分表』と比べると、さらに差が激しいことがわかります。

たとえば、１９５０年のほうれん草は、１００㎎あたりのビタミンC含有量は１５０㎎。それが１９８２年には半分以下の65㎎になり、２０００年には35㎎まで急減しています。見かけは同じように見える野菜でも、内容はなんと**50年前の約５分の１しか栄養がない**のです。

ほかにも、ビタミンA、鉄、カルシウムなど、野菜自体が栄養失調といってもいいくらいの栄養素の低下が報告されています。

栄養価が下がった原因については、さまざまな要因が挙げられています。まずは土地が痩せてしまっていること。化学肥料などの使用により本来土に含まれているはずの栄養素が減り、野菜に十分な栄養が吸収されなくなったこと。

これに加えて、人工栽培で早い時期に収穫、輸送する供給方法が発達したり、添加物で加工してお手軽食としてコンビニに並べる販売方法も開発されたりと、栄養価が下がる理由は数々考えられます。

「カロリーは足りているのに栄養失調」という、一見、矛盾している不健康な太り方を現代人がしてしまう原因にもなりかねません。

私たちの体は、いつでも正直です。

「栄養が足りない」と感じた体は「もっとほしい」と信号を発信します。それを私たちは「食べ足りない」という体の反応として受け取ります。

カロリーは十分とっていても、微量栄養素が足りないと体は満足してくれません。「何となく食べ足りない」

「もっと、何か食べたくなってしまう」
「ちょっとおなかがすくと、すぐに何かをつまんでしまう」
こんなことに思い当たることがある人は、微量栄養素不足に陥っているのかもしれません。

こういうときに、お菓子などをつまんでしまうことで、現代人特有の〝ブヨブヨ肥満へのスパイラル〟がはじまっていくのです。筋肉が落ち、体のささえとなる微量栄養素が足りないユルんだ体ができあがります。身体は大きくても、その機能は20年先には壊れてしまうでしょう。

さらに、**痩せようとしてカロリーだけを減らすと、ダイエットしてもすぐにリバウンドする体、風邪ばかり引いてしまう体ができあがります。**

私たちが目指すのは、骨や筋肉、内臓など、すべてが細胞レベルからしっかり完成している、美しくも引き締まった体です。

そのためには微量栄養素を積極的にとっていく必要があるのです。

●睡眠法 39

第7の栄養素「ファイトケミカル」を上手にとる方法

私たちの体をサビつかせることなく、**健康的に美しく痩せるために必要な栄養素**があります。

それが、**「ファイトケミカル」**と呼ばれるものです。ポリフェノールやイソフラボン、リコピンやタンニンなど、現在まで約２万種類以上のファイトケミカルが発見され、さらに年々増え続けている栄養素でもあります。私たちがいつまでも若く、健康でいるためには、積極的にファイトケミカルをとっていきたいところです。

ところで、ファイトケミカルはすべて植物由来ですが、それには理由があります。植物は、自分で移動できる動物とは異なり、根を生やした場所から動くことはできません。つまり、種が落ちた環境から逃げられない状態で成長し、子孫を増やさねばならないのです。

そこで、紫外線の害や虫などから自らを守るために、ミラクル栄養素としてファイトケミカルを産生することができるようになりました。

ファイトケミカルは、動物の体内ではつくることができません。ですから、草食動物が植物を食べ、肉食獣が草食動物のはらわたを食べるという食物連鎖は、とりもなおさず、ファイトケミカルを体内に取り入れるための、「ファイトケミカルの連鎖」だったというわけです。

私たちも動物ですから、自分たちの体内でファイトケミカルをつくることはできません。それでは、どうやってファイトケミカルをとればいいのでしょうか。

ポイントは、**食べ物からとること、しかもその「食べ方」にあります。**

ファイトケミカルは、おもに野菜や果物に多く含まれていますが、肝心なのは、その食べ方。私がおすすめするのは、「**一物全体**《いちぶつぜんたい》」という言葉にあらわされる食べ方です。**一物全体とは、野菜や果物を丸ごと全部を食べること。**それも、有機栽培のものを収穫直後の新鮮な状態のまま、なるべく早く食べるようにします。

せっかくたっぷり含まれているファイトケミカルは、熱により破壊されたり、水にさらしておくことで流してしまったりすることなくとりたいものですが、現実的な話、そうはいきません。調理をする段階で、野菜を洗ったり加熱したりといった行程は省けないからです。

だからこそ、一般的な食生活を送っているだけでは、私たちの体にはファイトケミカル摂取は十分とはいえなくなってしまうのです。まず、ステンレス製の無水調理器具を使って、栄養を逃がさないように料理しましょう。

そして、食生活を補うためのサプリメントの登場です。

基本的には、私たちの体を健やかに、より美しく保つために必要な栄養は、毎日の食事で補いたいものです。ですが、ファイトケミカルのように、どうしても食事だけではとりきれないものもあります。そうした場合に、サプリメントを活用することが賢い方法といえます。

あくまでも、食事の代わりにサプリメントを摂るのではなく、食事を補うためのサプリメント、という考え方です。

今は、あらゆる種類のサプリメントがどこでも手軽に買える時代です。私たちが健康で、美しい体でいるためには、どのようなサプリメントを選べばいいのでしょうか？

次の項では、サプリメントの正しい選び方について説明します。

● 睡眠法 40

サプリメントにも選び方がある

「たくさん種類があって、どれを選んでいいかわからない……」

ドラッグストアのサプリメントの棚の前で、こんなふうに困惑したことはありませんか？　私たちが健康で美しい体を手に入れるためには、数あるサプリメントのなかから「本物」を選び出さなければなりません。

そこで、品質にこだわったサプリメント選びのチェックポイントをお伝えします。見るべきポイントは、たったの２つ。

□有効成分、原料はどこから来たのか。その加工方法は？

□添加物がどのくらい入っているか？

という点に尽きます。

というのも、有効成分はサプリメントの命です。**「原料が天然であること」「農薬を使わない有機農法で作られた植物であること」「作物を丸ごと加工していること」**これらの基準をクリアしたものであることが必須です。

さらに、安く製品にするには合成ビタミンを使えばよいのですが、合成ビタミンは、とり過ぎると危険なことでも知られています。あくまでも天然、であることが補助「食品」であるための条件です。

植物を栽培するときに、どのくらい農薬を使ったのかも気になる点です。残留農薬は体をサビさせるもとになります。サプリメントで栄養を摂ろうとして、残留農薬まで一緒に体に入れてしまっては本末転倒です。

また、サプリメント製造会社のなかには、原料の調達を下請けにまかせているところもある、という話を聞いたことがあります。これでは原料の安全性について、販売元ですら保障できないし、把握できていない、ということになってしまいます。おおもとの原料が安全でなかったら、いくら製造会社がしっかりしていても、意味がありません。

サプリメントの原料となる植物を、栽培している産地と畑まで把握されているサプリメントは本物です。原料の出自にこだわったサプリメント選びをしましょう。

また、天然ものの作物から「抽出された」ビタミンのサプリメント、という製品があります。一見、問題ないように思えますが、これも注意が必要な場合があります。

なぜなら、ビタミンを「抽出」しているからです。

なぜ、抽出するとマイナス面があるのでしょうか。

前項で説明しましたが、ファイトケミカルは一物全体といって、野菜や果物を丸ごとすべて食べることで、その栄養素を摂取することが可能になります。それを、「抽出」してしまっては、部分的には残っても、捨ててしまう部分も出てきてしまいます。

つまり、抽出してしまっては、野菜や果物を丸ごと食べたことにはなりません。したがって、ファイトケミカルを十分にとったとはいえなくなってしまうのです。

「天然の作物を、有機農法で作り、丸ごと加工している」

そこを意識しながら、本物のサプリメントを選んでください。


また、添加物はサプリメント被害原因の筆頭にあげられるものです。

添加物は、サプリメントの形を保ち、飲みやすくするために必要なものですが、使用量は少ないにこしたことはありません。

なぜなら、病気のときに必要に応じて飲む医薬品と違い、サプリメントは「食品」なのです。本来の目的以外の物はとらないほうがよいでしょう。

では、どのくらいの割合で添加物が使われているのでしょうか。

実は市販のサプリメントに使われている添加物は、サプリメント本体の50～90％にものぼるといわれています。

あなたが毎日、口に入れるそのサプリメントは、大丈夫ですか？

私の友人に、サプリメントを作る側の研究者がいます。製造の当事者に聞いた添加物の量の確認方法を、ここでこっそり教えます。

まず、製品のパッケージにある成分表示をみてください。有効成分が「○○㎎」「△△㎎」などと示されています。そして、1錠あたりの質量「××㎎」を確認します。これらの数値をもとに、1錠あたりの質量から有効成分を引き算すれば、添加物の量が算出できます。

A：有効成分全体の量　○○＋△△㎎
B：××㎎
添加物＝B－A

ここで、気が付くことがあります。

Bにあたる「1錠あたりの質量」が表示されていない製品が多いのです。なぜでしょう。

そう、メーカーは添加物の計算をしてほしくないからなのです。

反対に考えれば、1錠あたりの質量を表示しているメーカーは、添加物に関しては良心的にサプリメントを作っていることがわかります。

結論として、このようなサプリメントが、本物の栄養補助食品といえることがわかります。**「天然の作物を、有機農法で作り、丸ごと加工していて、添加物が極力少ない」**

私たちが毎日、体を修復再生させるためには、本物のサプリメントを体の原料として取り込むことが必要です。

日常生活では不足している栄養バランスを、本物の栄養補助食品で完成させ、いつまでもスッキリと引き締まった美しい体でいることを目指しましょう。

●睡眠法 41

水の飲み方で代謝を良くする

「年を取ると、代謝が悪くなって痩せづらくなるのよね」

そんなふうに嘆く人がいます。そういう人に対して、私はいつも「水をたっぷり飲んでください！」と言うようにしています。

水を飲むことで、老廃物が体から流れ出やすい体をつくり、代謝も上がっていくことにつながるからです。

また、**体温よりも低い温度の水が体に入ると、体は積極的に熱を作ろうとして、脂肪を燃やします。**白湯は胃にやさしく熟年層むきですが、若い方は水をあたためずに飲むことが、ダイエット効果につながるのです。わざわざ冷やす必要はありません。室温、で十分です。

具体的には1日2リットルを目安に、５００ccずつ４回に分けて飲むようにします。午前中、午後、夕方以降でそれぞれ１回ずつ。残りの５００ccは食事のときに飲みます。

たったこれだけのことで、あなたの体からはよどみが消えて、キレイになっていくはずです。

睡眠法 42

家庭で上質な「水」をとれる浄水器選び

美しく痩せるために欠かせない水は、できるだけ良質であることが基本。家庭にいながらにして、いつでも良質の水を飲むためには、浄水器にこだわってみるのもおすすめです。そこで、浄水器の選び方についてお話ししたいと思います。

浄水器の認定機関に注目してください。日本では「ＪＩＳ」。そして国際レベルでは「ＮＳＦインターナショナル国際認証」です。メーカーとしては油断ができない第三者機関、それが**ＮＳＦインターナショナル国際認証**です。

実際に、汚染物質除去性能基準では臭いの判定や浄水器そのものから有害物質が出ないか、など徹底的に調べます。水を供給する行程で、紫外線などで微生物を殺菌することも評価されます。ほかの検査も含めると、５年で６回もの検査をおこないます。

一方、ＪＩＳは水質の検査項目、方法という指示はあるものの、ＪＩＳ自身で検査をするのは最初だけです。その後のフォローはありません。つまり、１回、ＪＩＳ規格をとおったら、その後はずっと検査されずに認定が下りたままになります。

当然、ＮＳＦインターナショナル国際認証のある浄水器を選ぶことをおすすめします。

● 睡眠法 43

ダイエットに欠かせないデトックスの目的

「体の中の不要物をすて、外から不要物を入れない」

これがデトックスの目的です。引き締まった体を作るのに欠かせないものです。

腎臓から尿として排泄

肝臓から胆汁として排泄

皮膚から汗として排泄

腸から便として排泄

私たちの体は4重結界を張っているように、これだけのデトックス臓器が働いています。

どれも、**たっぷりの水がなければ十分に働けない**、ということは、このデトックス臓器を並べてみるだけでわかりますね。

水に加えて、腸では「食物繊維」「腸内細菌」がデトックスに欠かせません。

●睡眠法
44

善玉菌はたくさん飼ったほうがいい

体の内側からキレイになるために必要なデトックス。実は、私たちは自分の体のなかにあるもので、セルフ・デトックスができます。

セルフ・デトックスの立役者となるのは、腸内に潜む善玉菌。私たちの腸のなかには、実に400種類以上の腸内細菌が住んでいて、無意識に貯めてしまっている便の解毒に協力してくれます。

こうしている今も、私たちの腸のなかで飼っている善玉菌は、私たちの体を内側からキレイにしてくれようと活躍してくれているのです。

下痢をしたときに、整腸剤を処方されることがありますが、あれは正常時に働く善玉菌を体に入れようとしているのです。下痢をしていることによって、正常な腸内細菌が流されてしまったため、それを補う目的もあります。

日常でも外から善玉菌を体に入れようとするとき、乳酸飲料を飲むことがあると思います。この場合、胃酸など、消化液で壊れずに、生きたまま腸まで届く「プロバイオテイクス」をとることがポイントになります。

善玉菌をたくさん飼って、ピカピカの〝腸美人〟になりましょう。

● 睡眠法 45

意外と知らない「食物繊維」のマメ知識

ダイエット中の食事について、「油ものなど高カロリーのものを食べる前に、食物繊維を豊富に含んだものから食べるようにすること。すると、余計な脂肪を取り込まずに済む」という話をしました。

この**食物繊維ですが、実は2種類**あることを知っていますか？

ひとつは**「不溶性食物繊維」といって、水に溶けない代わりに水分を吸収**する働きがあります。便のカサを増し、腸管を刺激することで、お通じをよくします。

また、満腹感を増すのも不溶性食物繊維です。食品でいえば、キノコ類や豆類が代表的です。

もうひとつは、**「水溶性食物繊維」といって、善玉菌のエサとなり、腸内環境の改善**に役立ちます。海藻やコンニャクといった食品が該当します。善玉菌を活発にするためには、水溶性食物繊維を積極的に食べるように心がけるといいでしょう。

水溶性食物繊維を食べるときのコツは、水と一緒にとること。水溶性食物繊維の働きがさらに増す食べ方です。

●睡眠法 46

意識することで食欲はコントロールできる

「空腹でもないのに、間食をしてしまう」

「食後のデザートは習慣になっている」

ダイエット中にもかかわらず、間食やおやつの誘惑に勝てないということはよくあること。むしろ、ダイエット中だからこそ、食べることに意識がいってしまうのかもしれません。

食欲をコントロールするためには、どんなことをすればいいのでしょうか？

基本的なことですが、ここでおさらいしておきましょう。ダイエット中の食欲をコントロールするポイントは次の3つです。

①食べ物を手の届く場所に置かないこと
②そもそも家に食べ物を置かないこと
③買い物は必要な食材だけにとどめること

次に、それぞれを詳しくみていきましょう。

①食べ物を手の届く場所に置かないこと

食べ物は、見えないところにしまいましょう。食べ物が身近なところに置いてあれば、家事や読書の合間、テレビを見ながらといった、ちょっとしたスキマ時間にすぐにつまんでしまいます。

②そもそも家に食べ物を置かないこと

おやつやレンジ料理など、すぐに手を出しやすい食品を家に置かないことです。食事のときにだけ、皿に盛らなければ食べられないようにするのも効果的です。

③買い物は必要な食材だけにとどめること

非常時用の保存食以外、なるべくまとめ買いをしないことです。スーパーマーケットの安売りやまとめ買いも禁止です。

間食や過食を防ぐ究極の方法は、食べないことではなく、買わないこと。つまり、買い物の段階で食い止めることです。

目の前に置かれているおいしそうなお菓子を食べないでいるのはつらいけれど、そもそも目の前にお菓子がなければ食べたいとは思いません。食べることに対してセルフコントロールをする自信がなければ買わないようにすればいいだけのこと。体はスリムに、お財布はリッチになって、お得感倍増の方法です。

また、買い物に行く際の注意点もあります。

それは、空腹のままスーパーマーケットやコンビニエンスストアに行かない、ということ。よく言われている当たり前のことですが、意外と実践できていない人が多いのもたしか。あなたは大丈夫ですか？

最近ではスーパーも宅配をしてくれるところがありますし、生協などの共同購入も充実しています。そこで、日常の食料は、宅配で量を決めてしまう、ということも可能になります。あくまでも日常の食料なので、宅配でお菓子をまとめがいするのが目的ではないことも忘れずに。

ダイエットが上手になると、賢く生きるための生活の知恵も自然と身についてくるのです。

睡眠法 47

コンビニで間食買いしないために

外出の帰りにコンビニエンスストアに立ち寄る習慣がある人は要注意。あなたを痩せにくい体にしているかもしれません。

買い物の目的もなく「なんとなく」で店に入っている人は、さらに危険信号が点滅しています。太らない体づくりを心がけている人は、目的もなく、食べ物の誘惑が満ちている場所に足を向けません。お菓子やデザートを「なんとなく」では買わないのです。

ためしに、今日からコンビニへの寄り道をストップしてください。そして、お菓子やデザートを買ったら出て行ったはずのお金を財布から分けて、「今日、頑張った貯金」にしてください。**コンビニに立ち寄る行動をやめたことに対して、自分にご褒美をあげる**のです。

この貯金はたまったら化粧品やアクセサリーなど、素敵な自分が身につけたり体に使うものに変えてください。その品物を使うたびに、誘惑をたちきれた自分を意識できると、ダイエットは成功したといえます。

睡眠法 48

楽しんで食べるだけで太りにくい

楽しい気持ちで食事をしたときと、悲しい気持ちで食事をしたとき。どちらが太りやすいと思いますか？

実は、**食事を楽しんでいる人のほうが太りにくい**というデータがあります。冗談のようですが、医学的にも証明されている事実です。

食事をすると胃腸で消化吸収します。この時に体は熱をだします。食べた後、体があたたかくなった経験があるでしょう？　あのあたたかさを「食事誘発体熱産生」といいます。**1日のエネルギーの約10％が、食事誘発体熱産生で消費されると**いわれています。

幸せな気分で楽しんで食べると、そのあとの消化吸収も安定します。ストレスが強い状態では、俗にいう消化不良がおきやすく、第2段階の食事誘発体熱産生も下がってしまうことがわかっています。

ダイエット中の食事は、何を食べるかも重要ですが、どんな気持ちで食べるかも大きき左右しているなんて、興味深いと思いませんか？

● 睡眠法 49

時間をかけて食べると満腹感が早く感じられる

「よくかんで食べると太りにくい」というのは本当です。

食事をはじめて、食べた栄養素が、脳の一番奥にある視床下部という食欲をコントロールする中枢までたどり着くまでに、約10～15分かかります。

ここで、丸のみするように「早食い」をしてしまうと、満腹中枢が満たされるころには、すでに食べ過ぎているので、カロリーオーバーとなってしまうのです。

空腹だからといって、つい、食べはじめにガツガツを食べものに夢中になってしまう傾向のある人は気をつけてください。

実は、空腹時に食べ過ぎないための、とっておきの秘策もあります。

本格的な食事をはじめる直前に、チューインガムをかんだり、するめを食べたりしておくことです。**「咀嚼《そしゃく》」という口の機械的動きは、それ自体に満腹中枢を刺激する**作用があります。ですから、食事の前によくかんでおくと、食欲を抑えることができるのです。

よくかんで、時間をかけて食べること。これは外食のときにも応用がきく便利な方法ですので覚えておきましょう。

● 睡眠法 50

家では野菜中心にして、つじつまを合わせる

日頃から野菜不足を自覚している人は少なくありません。

毎食、自炊をしている人ならともかく、弁当や外食が多い人にとっては、油断すると野菜不足になってしまうケースはよくあります。ダイエット中であれば、野菜不足は避けたいところですが、どうしたらいいでしょう？

その答えは、「自宅では野菜料理の品数を意識的に増やすこと」これに尽きます。外食での野菜は、付け合わせのサラダ程度になることが多く、しっかりと野菜を食べているとはいえない状態です。

その点、家庭でつくる味噌汁やスープに使うのはたくさんの野菜。野菜の煮物や温野菜で2皿食べるだけでも確実に摂取量が増えます。

「今日は、昼も夜も外食だった」という人は、前日や翌日に〝野菜デー〟を設け、2日間合わせてつじつまを合わせる、というのもいいでしょう。

目安は「2日で野菜料理を5品目」。キレイな体づくりは内側から、というつもりで野菜をたくさん食べましょう。

●睡眠法 51

医者が万歩計をすすめる理由

「痩せたいけれど運動は苦手」

「運動をはじめても長続きしない」

ダイエットに挫折してしまう人の多くは、運動に対して苦手意識を持っています。そんな人には、**必ず長続きする運動**をおすすめしています。

使う道具は「万歩計」ひとつ。やり方も簡単で、まずは自分が毎日、何歩くらい歩いているのか平均的な数字を出します。そこに**プラス１０００歩したものを、毎日の目標にして歩く**だけでＯＫ。たったこれだけで、どんな人でも無理なく長続きする運動ができるのです。

多くの人は、万歩計を持つと「１日１万歩、歩かなければ！」と過剰に気合いを入れてしまいます。ところが、これが長続きしないもとなのです。

「待ち合わせは駅から遠い場所に設定する」「バスで行くところを歩いていく」といった、日常生活レベルでできるほんの少しの工夫の積み重ねを続けていって歩数を稼ぐほうが、結果的に無理なく長続きする運動になるのです。

万歩計をつけてみることで、あなたの運動量は必ずアップし、目に見えて効果を実感できるでしょう。

睡眠法 52

短時間でダイエット効果を上げる歩き方

体を動かすことが苦手な人でもできる、ダイエット中の運動の代表格がウォーキングです。特別な道具も不要、ただ歩くだけで痩せられるということで、定番の人気を誇っています。

ところで、このウォーキングにもトレンドがあるのを知っていますか？　最近の流行りは、**「インターバルウォーキング」**という歩き方です。

インターバルウォーキングとは、**通常のウォーキング（最大酸素摂取量の50％）を30分、ゆっくりのウォーキング（最大酸素摂取量の30％）、早足のウォーキング（最大酸素摂取量の70％）をそれぞれ3分ごとに繰り返して合計30分歩く**ものです。

信州大学がおこなった実験では、呼吸器循環器系の持久力とさらに足の筋力に差が見られたという報告があります。

インターバルウォーキングであれば、同じ時間の運動でもより大きな効果が得られることが予想できます。激しい運動が苦手な人や、忙しくて時間のない人でも手軽にはじめられるインターバルウォーキング、ぜひおためしください。

睡眠法

53

自分に似合う服は、認知性食欲を減らしてくれる

テレビ番組を見たり、本を読んだりと、ダイエットへの興味はあるものの、いざ自分の生活で実践しようとすると、面倒くささが先に立ってしまう……そんな経験はありませんか？

食欲を抑えるには買い物に行くときから意識をせよ、という話をしましたが、もうひとつ、効果的な方法があります。

それは、**太って着られなくなったお気に入りの洋服を、目のつく範囲の場所に掲げておく**、というものです。

もともと好きで買った洋服なのに、あなたが太ってしまったために着られなくなったのはとても残念なこと。せっかくなので、その服をそのままクローゼットの奥にしまわないでください。しまうことで太った事実を封印するのはやめましょう。

むしろ、太って着られなくなってしまったことへの戒めと反省の気持ちをこめて、いつでも目につく場所に置き、見るたびにダイエットへの誓いを立てるために役立ててみませんか？

●睡眠法 54

副作用なし「体重を測る」習慣の威力

ダイエットをはじめるなら、最低でも1日1回は体重を測りましょう。「朝起きてトイレに行ったらすぐ」「入浴後」「夜寝る直前」など、測る条件を決めておくと比較しやすいのでおすすめです。

「あれだけ運動したのに思ったほど体重が落ちなかった」「それほど頑張っていないのに、スムーズに減っていくのはなぜだろう？」「リバウンドしそうだから、明日から公園を走ってみよう」

そんなふうに、体重の変化を知ることで、自分の体に興味を持つのはダイエットにも健康にも効果があります。

また、ダイエットをはじめたからといって、毎日の体重が一直線にさがると期待してはいけません。**1日の収支をマイナス300キロカロリーにできたとしても1kgの脂肪を減らして痩せるには27～28日必要**です。目に見えて体重が減っていくものではないのです。

毎日、体重計をモニタリングしながら、ゆっくりと時間をかけて美しくなっていきましょう。

● 睡眠法 55

全身が映る鏡は貴方のコーチ

あなたには、優秀なダイエットの専属コーチがついています。

その正体は「鏡」です。**全身が映る大きな鏡は、一生もののあなたのダイエットコーチ**です。

鏡は正直にあなたの今の姿を映し出します。努力の結果、少し凹んだお腹も、油断して太くなってしまった太ももも、すべてごまかすことなくハッキリと映し、あなたに現実を伝えてきます。だからこそ、ダイエット中のモチベーションをキープできるともいえます。

なぜなら、健康的な美しくなっていく体を維持するには、今までやってきた行動が習慣となって自然に身につく必要があるからです。

人が習慣を変えるには３週間が必要と言われていますから、その３週間をつぶさに観察するためにも、鏡の存在は大きいのです。

毎日大きな鏡に自分の姿を映しましょう。そして、「私はよく頑張っている！今日もスッキリ！」と口に出して言ってみましょう。

あなたは一人ぼっちでダイエットしているのではないのです。

おわりに

「睡眠」と「健康・ダイエット」との関係が注目されるようになったのは、実はごく最近のことです。

今までのダイエットでは、食事制限と運動がほとんどでした。

修行のように自律した生活で目標達成しても、必ずリバウンド……。

そして、「私はやっぱりだめなんだ」と自分を責めてしまう患者さんたちを診てきて私が感じたこと。

それは、体がひきしまること、かっこよくなること、それ自体は苦しいものではないはずなのに。より健康になるのは、もっと自然で楽なことであるはずなのに、という思いでした。

快適な現代生活を楽しみつつも、より自然に近い自分であること。

それは、地球に生命を得た私たちにとって、とてもシンプルで本質的なことです。

まず、自分にできそうなことを一つでも始めてみてください。できることが増えていったとき、「あなた自身の未来」が、きっと見えてくるはずです。
そのとき、あなたの体は自然に引き締まった健康体へと変わってきていることでしょう。

もっと具体的に行動したい！
一人ぼっちでなく、仲間と一緒にダイエットしたい！
佐藤桂子に直接相談したい！

そのような方は、こちらまでお気軽にご連絡ください。
nerudakediet@gmail.com

書籍の感想から、個別具体的なお悩みまで、幅広くお答えします。
どうぞご遠慮なく！　お待ちしていますね！

この原稿を書き上げた直後、東京大学から「体内時計の振動原理を解明」と発表がありました。

サーカディアンリズムの謎が、いよいよ私たちの目の前に明らかになってきています。今、私は変化していく未来をみることが楽しみでたまりません。

最後に、本書執筆にあたって大変お世話になったすべての人たちに、心からお礼を申し上げます。

未来に向けて本書を書き上げることで、第一歩を踏み出せたのも、今まで一緒に健康をめざして頑張ってきた患者さんたちに支えてもらったからです。医師生活30年間のすべての患者さんたちに感謝しています。

はじめての著書を執筆するにあたって、いつもそばに寄り添い、助けてくださった樺木宏さん。

「未来の見方」と、力いっぱいの励ましをいただいた木下晃伸さん。

編集者の安達智晃さんには、たくさんの迷惑をおかけしましたが、辛抱強く助けていただきました。

研究者の考え方を教えてくださった柴田丞さん。

そして、そばにいてくれた仲間たちに。

両手に抱えきれないくらいの感謝を送ります。

また、執筆する私を気づかって、家事を手伝ってくれた息子の達也のおかげで、時間を生み出すことができました。感謝しています。ありがとう。


この本を読んでくださったすべての方に。

あなたの望む未来が訪れますように。

本書が、少しでもお役に立てましたら最高の幸せです。

２０１３年５月吉日

佐藤桂子

参考文献

『アンチエイジング医学の基礎と臨床』（日本抗加齢医学会専門医・指導士認定委員会編／メジカルビュー社）
『革命アンチエイジング』（ロナルド・クラッツ、ロバート・ゴールドマン著／岩本俊彦監訳／西村書店）
『身体革命』（根来秀行著／角川SSコミュニケーションズ）
『ヒトはなぜ人生の3分の1も眠るのか?』（ウイリアム・C・デメンド著／藤井留美訳／講談社）
『不眠の科学』（井上雄一、岡島義編／朝倉書店）
『現代の不眠』（塩見利明著／明治書院）
『快適睡眠のすすめ』（堀忠雄著／岩波書店）
『睡眠の科学――なぜ眠るのか、なぜ目覚めるのか』（櫻井武著／講談社）
『睡眠教室――夜の病気たち』（宮崎総一郎、井上雄一編著／新興医学出版社）
『脳を休める――脳科学と睡眠の新しい常識』（西多昌規著／ファーストプレス）
『意外とこわい睡眠時無呼吸症候群』（成井浩司著／講談社）
『活性酸素と野菜の力』（前田浩著、金澤文子執筆協力／辛書房）

『ＬＵＶＴＥＬＬＩＩ』（細川モモ著／北星社）
『ＬＵＶＴＥＬＬＩⅢ』（細川モモ制作編集／北星社）
『本当に効くサプリメントの選び方』（柴田丞著／木下晃伸事務所出版部）
日本睡眠学会 http://jssr.jp/
日本肥満学会 http://www.jasso.or.jp/
日本抗加齢医学会 http://www.anti-aging.gr.jp/
日本体力医学界 http://www.jspfsm.umin.ne.jp/

〈著者紹介〉

佐藤桂子（さとう・けいこ）

よみせ通り診療所 所長
30年で3万人の肥満治療をした肥満外来の専門医日本肥満学会　日本内科学会　日本糖尿病学会　日本プライマリケア連合会所属
これまで多くの症例を診て、糖尿病となる前に体重オーバーの時期がある事に気がつき、メタボリック症候群の言葉が一般化する10年以上前から、体重コントロールの重要性を指導。肥満学会の東京宣言発表に立ち会い、その後メタボリック症候群の概念が確立。患者会などでメタボリックシンドロームのとらえ方を指導し続ける。東京逓信病院では、高度肥満症（体重でベッドが壊れる、CTの機械に入れないなど）の治療を身近に経験している。現在、診療所所長として在宅医療に従事しつつ、予防医学、ゲノム診断、生活習慣病などの啓蒙活動を行っている。1982年、東京女子医科大学卒業。東京保険医療生活協同組合入職。東京健生病院にて初期研修開始。途中、1年間肺結核で入院、休職。

1985年、氷川下セツルメント病院勤務。糖尿病教育入院創設。

1994年、東京逓信病院にて肥満入院治療研修。

1995年、東京健生病院内科 糖尿病教育入院創設。

2002年、大泉生協病院設立時内科メンバー。糖尿病教育入院創設、肥満教室創設。

2012年、よみせ通り診療所・所長に就任。現在に至る。

ダイエット外来の寝るだけダイエット

2013年6月7日　初版第1刷発行
2013年7月4日　初版第5刷発行

著　者　佐　藤　桂　子
発行人　佐　藤　有　美
編集人　渡　部　　周

ISBN978-4-7667-8547-0

発行所　株式会社　経　済　界
〒105-0001　東京都港区虎ノ門1-17-1
出版局　出版編集部☎03（3503）1213
出版営業部☎03（3503）1212
振替 00130-8-160266
http://www.keizaikai.co.jp

©Keiko Sato 2013　Printed in Japan

写真　ゲッティ・イメージズ
印刷　㈱光　邦